SCHLIEMANN UND TROJA

MUSEUM FÜR VOR- UND FRÜHGESCHICHTE

ALIX HÄNSEL

SCHLIEMANN UND TROJA

DIE SAMMLUNGEN DES MUSEUMS FÜR VOR- UND FRÜHGESCHICHTE

BAND I

Herausgegeben von Matthias Wemhoff

STAATLICHE MUSEEN ZU BERLIN –
STIFTUNG PREUSSISCHER KULTURBESITZ

SCHNELL + STEINER

Umschlag:
Heinrich Schliemann und Gemahlin
beim Aufbau der Troja-Ausstellung in Berlin

Bibliografische Information der Deutschen Bibliothek:
Die Deutsche Bibliothek verzeichnet diese Publikation in der Deutschen Nationalbibliografie; detaillierte bibliografische Daten sind im Internet über <http://dnb.ddb.de> abrufbar.

Schliemann und Troja / Museum für Vor- und Frühgeschichte,
Staatliche Museen zu Berlin – Stiftung Preußischer Kulturbesitz.
Alix Hänsel. Hrsg. von Matthias Wemhoff. –
Regensburg: Schnell und Steiner, 2009
Die Sammlungen des Museums für Vor- und Frühgeschichte: Bd. 1
ISBN 978-3-7954-2270-7

www.smb.museum.de
www.museumsshop.smb.museum.de
Gestaltung: Verlag Schnell & Steiner
Umschlaggestaltung: Anna Braungart, Tübingen
Satz und Druck: Erhardi Druck GmbH, Regensburg
Fotos: Claudia Plamp, Berlin

Weitere Informationen zum Verlagsprogramm erhalten Sie unter:
www.schnell-und-steiner.de

Inhaltsverzeichnis

Troja, Schliemann und Berlin

Zu den zentralen und wertvollsten Beständen des Berliner Museums für Vor- und Frühgeschichte zählt die Sammlung Trojanischer Altertümer, die Heinrich Schliemann 1879 „dem deutschen Volke zu ewigem Besitz und ungetrennter Aufbewahrung in der Reichshauptstadt“ großzügig geschenkt hatte. Persönlich überwachte er gemeinsam mit seiner Frau Sophia eine erste Aufstellung der Sammlung im damaligen Kunstgewerbemuseum, dem Martin-Gropius-Bau, etwas später erfolgte der Umzug in das neu gebaute, unmittelbar benachbarte Völkerkundemuseum, wo die Sammlung in zwei Sälen der „Vorgeschichtlichen Abteilung“ präsentiert wurde.

Wie kam damals eine Prähistorische Sammlung an die Funde aus Troja?

Diese Schenkung benötigte zunächst einen engagierten Vermittler. Dies war der bedeutende Gelehrte Rudolf Virchow, der sich schon lange und intensiv mit archäologischen Fragestellungen beschäftigt hatte. Rudolf Virchow nahm sogar bereits 1879 an einer Ausgrabungskampagne in Troja teil. Er hatte großen Einfluss auf die Grabungstätigkeit Heinrich Schliemanns und sorgte dafür, dass den Untersuchungen des zunächst als Autodidakt sehr kritisch beäugten Grabungsleiters auch von fachwissenschaftlicher Seite mehr Aufmerksamkeit entgegengebracht wurde. Höhepunkte dieser Bemühungen waren die zwei großen Trojakonferenzen am Grabungsort. Virchow gelang es, Schliemann davon zu überzeugen, dass seine Funde in der deutschen Hauptstadt angemessen bewahrt und präsentiert werden können.

Zugleich wird in dieser Schenkung auch deutlich, dass Schliemann sich selbst als Prähistoriker verstand. Renommierte Fachvertreter der Klassischen Archäologie hatten ihn immer wieder spüren lassen, dass sie ihn für einen Fantasten und archäologischen Laien hielten. Für Schliemann stand im Unterschied zur bisherigen archäologischen Forschung nicht die Freilegung von Skulpturen und anderen Kunstwerken im Vordergrund – die Entdeckung etwa der Helios-Metope vom Haupttempel in Troja ist ihm in seinen Tagebüchern kaum mehr Aufmerksamkeit wert, als er sie den keramischen Gefäßen und selbst den Spinnwirteln entgegenbringt. Heinrich Schliemann ist von seinen Fragestellungen und Herangehensweisen her ein Vorreiter der vor- und frühgeschichtlichen Archäologie. Letztlich treiben ihn kulturhistorische Motive an. Sein Suchen nach dem Troja der Ilias ist jedoch aus unserer Sicht geprägt von einer maßlosen Überbeanspruchung eines literarischen Textes, auch aus zeitgenössischer Sicht wäre in der 2. Hälfte des 19. Jahrhunderts aufgrund des althistorischen und philologischen Kenntnisstandes schon eine vorsichtigere Interpretation der Ilias möglich gewesen. So fallen Schliemann zwar durchaus Widersprüche zwischen Text und Ausgrabungsbefund auf, die er aber zumeist mit dem Ziel einer Harmonisierung diskutiert und darstellt.

Seine Grabungsmethodik wird dabei höchst unterschiedlich beurteilt. Leicht ist heute wieder das Dilettantismus-Urteil gesprochen. Wir müssen uns jedoch darüber klar werden, dass Schliemann in vielfacher Hinsicht ein Pionier gewesen ist, der Neuland betreten hat. Solche Menschen sind häufig nicht von nüchterner, rein wissenschaftlicher Denkweise geprägt, eine gewisse Besessenheit treibt sie zu ihren Entdeckungen. Ohne diese Persönlichkeiten wären viele Forschungen unterblieben. Wer heute in Troja im Schliemann-Graben steht, kann auch einen Eindruck von der enormen Willenskraft bekommen, die dieser Mensch besessen haben muss. Ungeheure Mengen von Erde und Schutt mussten bewegt werden, gewaltige statische Probleme waren zu bewältigen, Unglücke waren an der Tagesordnung. Geld und Zeitdruck prägten auch damals die Arbeit. Sein Ziel war es, bis auf die unterste Siedlungsschicht über dem natürlichen Boden vorzustoßen, weil er nur dort das Troja der Ilias vermutete. Was Schliemann damals in wenigen Jahren erreichte, würde heute mehrere Jahrzehnte dauern. Seiner Zielsetzung fielen viele archäologischen Befunde zum Opfer, und doch ist dieser Graben auch heute noch ein für das Verständnis der Schichtenfolge in dem Tell von Hissarlik notwendiger Suchschnitt, der aufgrund der enormen

Höhe des Siedlungshügels auch kaum schmaler hätte angelegt werden können. Schliemann versuchte während der Grabung zu verstehen, was er ausgrub. Er erkannte – und dies ist für die damalige Zeit eine bemerkenswerte Leistung – die Abfolge mehrerer großer Siedlungsphasen. Schon früh begriff er, dass es wichtig war, die Tiefenmaße für die einzelnen Funde, und seien sie auch noch so unscheinbar, zu notieren. Keine einfache Aufgabe, wenn man sich die Arbeitsbedingungen im Schliemann-Graben vor Augen führt. Immer wieder mussten aufgrund von Einsturzgefahr und notwendig werdender Erweiterungen Bereiche der Wände des Grabens unterminiert und „gesprengt" werden, der Ausgräber hielt dann in seinem Tagebuch fest, aus welcher Höhe die Objekte in etwa heruntergefallen waren. So kurios diese extreme Art der Fundzuweisung aussieht, so bemerkenswert ist, dass schon damals überhaupt eine Verbindung von Funden und Befunden versucht wurde. Dies ist die Grundlage jeder stratigraphischen Ausgrabung. Schliemann erkannte zudem sehr früh die Bedeutung von Fundstücken und insbesondere von Keramik. Er versuchte, die Zuweisung zu den von ihm definierten Siedlungsphasen auch in Tafeln festzuhalten, auf denen die jeweils zugehörigen Funde als Zeichnung oder Fotografie abgebildet waren. Früh hat der Ausgräber die Bedeutung der fotografischen Dokumentation erkannt. Ein umfangreicher Bestand seiner und Dörpfelds Fotodokumentation ist noch bis heute erhalten.

Diese Dokumentationen bilden wichtige Grundlagen für die Aufarbeitung der Trojasammlung des Museums für Vor- und Frühgeschichte. Die Beschäftigung mit der Dokumentation Schliemanns lässt es sogar zu, einzelne Funde ihren Fundlagen zuzuweisen. Insbesondere für die bronzezeitlichen Phasen von Troja sind die in Berlin aufbewahrten Funde noch heute von großer Bedeutung, weil diese Siedlungsschichten durch die folgenden Grabungen nur in wesentlich kleineren Ausschnitten untersucht werden konnten. Es ist somit eine große Verpflichtung, die Sammlung Trojanischer Altertümer wissenschaftlich aufzuarbeiten und zu publizieren. Dieses Vorhaben steht in der Nachfolge des vor 100 Jahren erschienenen Sammlungskataloges von H. Schmidt. Im vergangenen Jahr konnte der erste Band der Neubearbeitung publiziert werden.

Leider ist die Sammlung nicht ohne große Verluste und Verlagerungen durch die Katastrophe des 2. Weltkrieges gekommen. Schon 1939 wurden die wertvollsten Bestände des Museums, darunter auch die goldenen Gegenstände aus dem Schatz des Priamos, gesondert in den drei Goldkisten mit den wichtigsten Funden des Museums verpackt und im Flakbunker Zoo eingelagert. Dazu kamen weitere besondere Exponate in den sogenannten Tragekästen. Manche der einst über 9000 Inventarnummern umfassenden Sammlungsbestände aus Troja verblieben jedoch bis 1945 im Gropiusbau. In den letzten Tagen vor der völligen Einschließung Berlins wurden noch zahlreiche Kisten mit Funden an verschiedene Auslagerungsorte verbracht. Ein Teil der bereits gepackten Kisten stand jedoch bei der Bombardierung des Gropiusbaus am 2. Februar 1945 noch im Museum. Viele dieser Exponate sind durch den schweren Brand und den Teileinsturz des Gebäudes zerstört oder bis zu Unkenntlichkeit deformiert worden. Die Schuttmassen aus dem Gropiusbau gaben erst am Anfang der 50er Jahre bei der „Ausgrabung" der Gebäudereste viele Objekte wieder frei. Diese bildeten die Grundlage für eine erste Ausstellung des Museums für Vor- und Frühgeschichte in der Ruine des benachbarten Völkerkundemuseums. Von den Westalliierten wurden dann weitere Exponate zurückgegeben, die diese an den Verlagerungsorten beschlagnahmt hatten. 1958 gab zudem die Sowjetunion eine große Zahl kriegsverlagerter Kunstgegenstände an die damalige DDR zurück. Darunter befanden sich auch Objekte aus Troja, die gemeinsam mit anderen Beständen des Museums für Vor- und Frühgeschichte die Basis für die Gründung eines Museums für Ur- und Frühgeschichte in Ost-Berlin bildeten. Erst nach der Wiedervereinigung konnten die Bestände aus Ost- und West-Berlin zusammengeführt werden.

Überraschend war dann die Entdeckung zahlreicher Preziosen des Museums an völlig unerwarteter Stelle. Die Sowjetunion hatte 1978 aus Leningrad Bestände des Berliner Völkerkundemuseums an die DDR zurückgegeben, diese wurden aber uninventarisiert in den Magazinen des Leipziger Grassi-Museums verborgen, da sich das Museum für Völkerkunde im Westteil Berlins befand. Nach der Wiedervereinigung gelangten diese Bestände zurück nach Berlin und erst bei der Inventarisation im Völkerkundemuseum wurden dabei Inventare des Museums für Vor- und Frühgeschichte entdeckt, darunter auch die einzigartigen Silbergefäße aus dem Schatz des Priamos. Das große Silbergefäß, in dem ursprünglich der Goldschmuck des Priamosschatzes verborgen war, ist nun wieder in Berlin, der in ihm enthaltene Schmuck dagegen noch im Puschkin-Museum Moskau. Diese Situation macht überdeutlich, wie die Bestände aus Troja heute willkürlich zerrissen sind. Tatsächlich gibt es sogar einzelne Objekte, wie etwa eine große Bronzepfanne, von denen sich heute Fragmente in Berlin, weitere dagegen in St. Petersburg oder Moskau befinden. Dass dies heute überhaupt bekannt ist, ist schon ein deutlicher Gewinn, denn bis 1992 galt der Schatz des Priamos als vollständig verschollen. Seitdem wissen wir, dass neben den nach Berlin zurückgekehrten Beständen ein großer Teil des Schatzes zusammen mit allen anderen Beständen aus den Goldkisten über bald 40 Jahre in Moskau in Geheimdepots des Puschkin-Museums verborgen war.

Die Hoffnung auf eine schnelle Rückgabe an den rechtmäßigen Eigentümer hat sich leider nicht erfüllt. Bis heute werden unsere Museumsobjekte völkerrechtswidrig zurückgehalten. Immerhin ist inzwischen auf Fachebene eine gute Basis für eine kollegiale Zusammenarbeit entstanden. Es ist für uns sehr wichtig, die in Russland unserer Kenntnis nach bisher auf das Puschkin-Museum, das Historische Museum in Moskau und die Eremitage in St. Petersburg verteilten Bestände unseres Museums zu kennen und weitere Forschungen einzuleiten. Nur dann wird es möglich sein, die Kriegsverluste genauer beurteilen zu können. Dazu soll in den nächsten Jahren eine Bronzezeit-Ausstellung in Moskau und St. Petersburg dienen, die nach dem Vorbild der 2007 gemeinsam von dem Berliner und den russischen Museen präsentierten Merowinger-Ausstellung konzipiert wird.

Die Klärung der Beutekunstfrage mit dem Ziel der Rückführung der Museumsbestände bleibt darüber hinaus eine dringende politische Aufgabe. Es ist nicht hinnehmbar, dass wertvolles Museumsgut weiter völlig willkürlich auseinandergerissen bleibt und die gewachsene Sammlung des Museums für Vor- und Frühgeschichte als wertvolles Gesamtkulturgut im Welterbe Museumsinsel nicht im vollen Umfang erforscht und präsentiert werden kann. Die intensive deutsch-russische Zusammenarbeit auf Fachebene, die in den letzten Jahren entstanden ist, ist ein nicht zu unterschätzender positiver Effekt in dieser Situation. Sie bildet die Basis für zahlreiche archäologisch-museale Projekte, die auch nach Klärung der offenen Fragen zu einer dauerhaften freundschaftlichen Kooperation führen werden.

Im Museum für Vor- und Frühgeschichte wird an den Beständen der Trojasammlung intensiv geforscht. Besonders wichtig sind dabei die metallurgischen Untersuchungen an den Silbergefäßen und den in Berlin verbliebenen Goldpartikeln. Auch die Entdeckung von Stoffpartikeln in mehreren Silbergefäßen ist bemerkenswert.

In Zukunft wird die Kooperation mit den aktuellen Forschungen in Troja besonders wichtig werden. Unter der Grabungsleitung von Ernst Pernicka werden derzeit Materialauswertungen durchgeführt, die die Neufunde in Troja mit den Altbeständen in Berlin zu verbinden helfen. Das umfangreiche Berliner Material aus den Kernbereichen des Siedlungshügels ist dabei von großer Bedeutung. Zugleich wird die zeitliche Zuordnung der Berliner Bestände durch die Verbindung mit modern ergrabenem und stratifiziertem Material verfeinert werden können. Die Fortführung der Grabungen in Troja ist deshalb auch gerade für die weitere Auswertung der Berliner Bestände von großer Wichtigkeit. Leider ist im letzten Jahrzehnt durch die sehr kontrovers und wenig konstruktiv geführte Diskussion über einzelne Aspekte der Interpretation der aktuellen Grabungsergebnisse in Troja in der Öffentlichkeit zum Teil ein verzerrtes Bild entstanden, dass die Bedeutung der aktuellen Grabungen schmälert. Es ist an der Zeit, hier zu größerer Sachlichkeit zurückzukehren. Die Vorstellung der Befunde der letzten Grabungskampagnen durch Ernst Pernicka hat gezeigt, dass tatsächlich erhebliche Fortschritte zum Beispiel bei der Kenntnis der Befestigung der Unterstadt gewonnen worden sind. Es erscheint bei der Betrachtung der Befundsituation vor Ort in Troja als nicht angemessen, zum Beispiel die Existenz des Befestigungsgrabens von Troja VI in der Unterstadt in Frage zu stellen. Versuche, diesen Befund als Entwässerung oder Ähnliches anzusprechen, sind nicht überzeugend und zeigen nur, wie polarisiert die Diskussion inzwischen geworden ist.

Der Grabungsort Troja birgt auch 140 Jahre nach Beginn der Grabungen Heinrich Schliemanns noch viele Geheimnisse und Rätsel. Die Archäologie sollte diesen „historischen" Grabungsort weiter erforschen und Troja nicht nur als einen Zentralort für die Geschichte des eigenen Faches begreifen.

Mein großer Dank gilt der Autorin dieses Bandes, Frau Alix Hänsel. Als Kuratorin des Museums betreut sie seit 2000 auch die Trojasammlung. Neben ihren eigenen Forschungen hat sie stets mit größtem Engagement alle Wissenschaftler unterstützt, die mit Forschungsanliegen zu Troja zu ihr gekommen sind. Die Vermittlung der aktuellen Kenntnisse an die breite Öffentlichkeit ist ihr immer ein besonderes Anliegen. Dies prägt auch diese Publikation. Frau Hänsel hat trotz der großen Arbeitsbelastung durch den Umzug in das Neue Museum mit großem Engagement diesen Sammlungsführer termingerecht erstellt. Der Band lebt durch die Verbindung von Text und Abbildungen. Die qualitätvollen und ästhetisch sehr ansprechenden Aufnahmen hat die Fotografin des Museums, Frau Claudia Plamp, erstellt. Für intensive Mitarbeit und Unterstützung gilt mein Dank den Mitarbeitern der Restaurierungswerkstatt, des Magazins, des Archivs und der Graphikabteilung des Museums.

Dieser Band begründet eine neue Reihe: „Die Sammlungen des Museums für Vor- und Frühgeschichte". In dieser Reihe werden in unregelmäßigen Abständen weitere Sammlungsbereiche des Museums vorgestellt. Die Bände richten sich an eine breite Leserschaft, die mehr über einzelne Themen erfahren möchte, als dies in den schmalen Museumsführern möglich ist. Dabei wird Wert auf eine gute Lesbarkeit gelegt. Die in den Bänden vorgestellten Exponate werden in der Regel auch in der Ausstellung im Neuen Museum gezeigt. So dienen diese Bände auch der vor- und nachbereitenden Vertiefung des Museumsbesuches.

Wir sind froh, dass der renommierte Verlag Schnell und Steiner diesen Band verlegt. Mein Dank gilt dem Verleger, Herrn Albrecht Weiland, und seinen Mitarbeitern, die es ermöglicht haben, dass dieser Band bereits zur Eröffnung des Neuen Museums am 16. Oktober 2009 erscheinen kann.

An diesem Tag kehrt das Museum in das Herz der Berliner Museumslandschaft zurück. Dort wurde vor 150 Jahren der erste, speziell für das Museum ausgestaltete Raum, der Vaterländische Saal eröffnet. Heute zeigt das Museum seine reichen Sammlungen aus allen Phasen der Vor- und Frühgeschichte auf der Hälfte der Gesamtfläche des Neuen Museums. Direkt neben dem Vaterländischen Saal ist nun ein eigener Saal der Troja-Sammlung Heinrich Schliemanns gewidmet. Von hier fällt der Blick in den Griechischen Hof und auf den Schievelbein-Fries. Dieser zeigt ein archäologisch und historisch eindeutig bezeugtes Untergangsgeschehen, nämlich den Ausbruch des Vesuvs und die Zerstörung Pompejis. Doch der Fries zeigt, ebenso wie die Flucht des Aeneas aus Troja mit seinem Vater Anchises auf den Schultern, noch einen Ausweg an. Die Bewohner Pompejis werden mit ihrem Hab und Gut mit offenen Armen vom Architekten des Neuen Museums Stüler und dem Museumsdirektor Olfert erwartet. Das Museum, so die Hoffnung in der Mitte des 19. Jahrhunderts, ist ein sicherer Hort bei allen Katastrophen. Die Kriegsbeschädigungen des Frieses und des gesamten Neuen Museums zeigen freilich, das diese Hoffnung trügen kann.

Möge die Trojasammlung nun einen guten und sicheren Ort für lange Zeit gefunden haben!

Berlin, im September 2009

Matthias Wemhoff

Essays

OMERO

Der Kampf um Troja – Geschichte einer mythischen Erzählung

Die ältesten heute noch bekannten Überlieferungen des Troja-Mythos sind die Epen „Ilias“ und „Odyssee“, die dem griechischen Dichter Homer zugeschrieben werden (Abb. 1). Homer soll im 8. vorchristlichen Jahrhundert im Bereich der heutigen türkischen Westküste gelebt haben, denn seine Epen waren im ionischen Dialekt der nach Kleinasien eingewanderten Griechen verfasst. Umstritten ist, ob der Troja-Zyklus tatsächlich nur von einer einzigen Dichterpersönlichkeit verfasst worden ist. Anhand linguistischer Unterschiede ist davon auszugehen, dass zwischen der Entstehung beider Werke – die Ilias wohl um 750, die Odyssee wohl erst um 700 v. Chr. – fast eine Generation liegt.

Der in Hexametern geschriebene und insgesamt 16.000 Verse umfassende Text der Ilias beginnt mit dem zehnten Jahr der Belagerung von Troja durch die Griechen. Auf die davor liegenden Geschehnisse, das Urteil des Paris, die Entführung der schönen Helena, die Aufstellung und Ankunft des griechischen Heeres sowie die Kämpfe zwischen Griechen und Trojanern wird erzählerisch zurückgegriffen. Die Verse beschreiben ausführlich die Auseinandersetzungen zwischen den griechischen Helden Agamemnon und Achill, die Tötung des Patroklos und die Rache Achills an dessem Mörder Hektor. Mit Hektors Begräbnis endet das Epos. Der Untergang Trojas wird erst in der Odyssee thematisiert.

◄ Abb. 1: Büste des Dichters Homer. Marmorportrait von Gaetano Rossi aus dem Jahr 1875 nach einer hellenistischen Vorlage aus dem Archäologischen Nationalmuseum, Neapel.

Beide Epen basieren offenbar auf älteren Sagenstoffen aus verschiedenen ostmediterranen Kulturkreisen, die durch Erzählen oder durch Gesänge bereits bekannt waren, aber erst in den Dichtungen Homers zu einem Zyklus verwoben worden sind. Es ist umstritten, ob bereits Homer selbst oder – falls man von mehreren Dichtern ausgeht – die Dichtergruppe um Homer diese Verse aufgeschrieben hat, oder ob die schriftliche Fassung nicht erst viel jüngeren Datums ist. Erst kurz vor der Lebenszeit Homers wurde das griechische Alphabet auf der Basis der phönizischen Konsonantenschrift entwickelt und hauptsächlich von Kaufleuten im Warenverkehr genutzt. Schriftliche Überlieferungen spielten damals in der griechischen Welt noch eine geringe Rolle. Nicht umsonst bezeichnet man die Jahrhunderte zwischen der bronzezeitlichen mykenischen Kultur und der Entstehung der griechischen Stadtstaaten als das „dunkle Zeitalter“. Historisches Wissen wurde damals weitgehend mündlich tradiert. Die in Gedichtform gefassten Erzählungen dürften aber gerade wegen ihres strengen Versmaßes über lange Zeit und nur geringfügig verändert weitergegeben worden sein. Dabei ist natürlich nicht auszuschließen, dass die Überlieferung allmählich weiter ausgeschmückt und ergänzt wurde oder Teile davon in Vergessenheit gerieten.

Ein Beleg dafür, dass die griechische Schrift bereits in der 2. Hälfte des 8. Jahrhunderts v. Chr. nicht nur zu merkantilen Zwecken genutzt wurde, ist der so genannte Nestorbecher, der 1954 bei Ausgrabungen auf der Insel Ischia (Pithekussai) gefunden worden ist. In die Oberfläche des be-

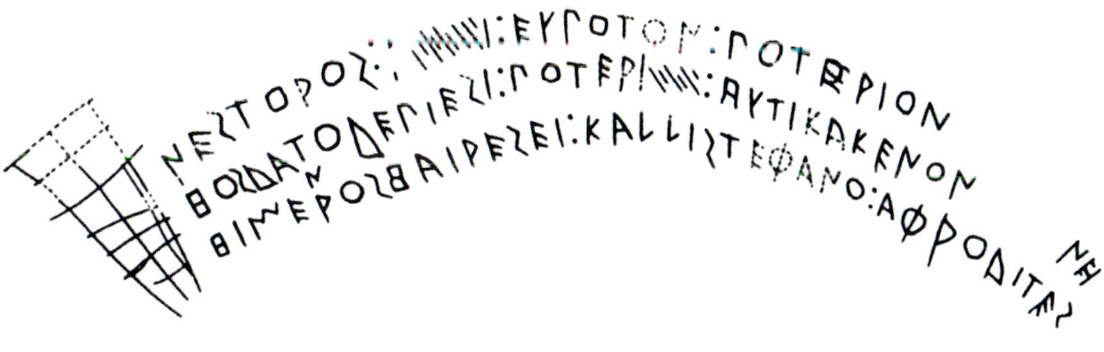

Abb. 2: Die Inschrift auf dem so genannten Nestor-Becher, eine der frühesten Nachweise für die Verwendung griechischer Schrift in hexametrischer Dichtung.

maltes Tongefäßes war ein in Hexametern verfasster Werbespruch für ein Aphrodisiakum eingeritzt worden (Abb. 2). Nach der Übersetzung und Lückenergänzung von Alfred Heubeck lautet die Inschrift:

> *„Der Nestor hatte einst 'nen Krug zu gutem Trunke.*
> *Doch wer aus diesem Kruge hier trinket, den wird auf der Stelle*
> *Lust überkommen nach ihr: Aphrodite mit herrlichem Kranze."*

Ob Homer oder der Dichtergruppe um Homer der heute als Troja bekannte und seit der frühen Bronzezeit besiedelte Ort bei den Dardanellen als Vorbild für die Stadt des Priamos diente, ist umstritten. Sollte Homer, wie manche Überlieferungen berichten, in Smyrna, dem heutigen Izmir, gelebt haben, wäre es gut möglich, dass er die Gegend aus eigener Anschauung kannte, da der Ort nur 200 km von seiner Heimat entfernt ist. Zu seinen Lebzeiten, also im 8. vorchristlichen Jahrhundert, muss die mächtige spätbronzezeitliche Mauer noch weithin sichtbar und damit ein Zeugnis für die einstige Bedeutung dieses Ortes gewesen sein. Auch viele der sehr detaillierten topographischen Beschreibungen Homers könnten auf die Troas zutreffen.

In jüngster Zeit ist die Diskussion um die Lage von Troja und die Bedeutung von Homer durch den Sprachwissenschaftler Raoul Schrott erneut angestoßen worden. Seine umstrittenen Thesen gehen davon aus, dass Homer nicht an der westtürkischen Küste, sondern im türkisch-syrischen Grenzgebiet, dem damaligen Kilikien, gelebt und in assyrischen Diensten gestanden hat. Die mythologischen Quellen, die der Poet zu seinen Epen verband, waren nach Schrott vor allem Keilschrifttexte, die dem Dichter zugänglich waren. Seine Vorlage für das sagenhafte Troja soll die kilikische Hauptstadt Karatepe gewesen sein. Schrott beruft sich bei dieser Lokalisierung ebenfalls auf homerische Landschaftsbeschreibungen, die sich mit der Topographie von Karatepe in Einklang bringen lassen.

Gegen die Lokalisierung von Troja so weit von Griechenland entfernt spricht unter anderem, dass spätestens im 5. Jahrhundert v. Chr. die Stadt bei den Dardanellen im Bewusstsein der Griechen als Troja galt. Selbst unter Nichtgriechen waren der Mythos vom Kampf um Troja und der Ort der Handlung bekannt. Wie der Historiker Herodot (um 484 – um 424 v. Chr.) berichtet, soll sogar der mit den Griechen verfeindete Perserkönig Xerxes auf seinem Zug nach Griechenland im Jahre 480 v. Chr. in Troja-Ilion in Erinnerung an den sagenhaften Krieg tausend Stiere geopfert haben.

Die ältesten Fragmente homerischer Dichtungen, die dem bis in die Gegenwart überlieferten Zyklus entsprechen, stammen aus Ägypten. Aus klimatischen Gründen haben sich in Griechenland Papyrustexte nicht erhalten, aber die Verse waren dort weit verbreitet und wohl bekannt. Hipparchos, der Tyrann von Athen, hat bereits im Jahr 522 v. Chr. den Brauch begründet, anlässlich der panathenäischen Feierlichkeiten die vollständige Ilias und die Odyssee von Sängern vortragen zu lassen.

Überliefert ist uns aber nur eine schriftliche Fassung aus dem 2. Jahrhundert v. Chr. Sie wird auf Aristarchos von Samothrake, den Leiter der berühmten Bibliothek von Alexandria, zurückgeführt. Die ältesten bis heute erhaltenen vollständigen Texte der homerischen Mythen, teils mit ausführlichen Kommentaren versehen, sind jedoch viel jünger und stammen bereits aus dem Mittelalter. Das bekannteste Ilias-Manuskript, die „Venetus A", befindet sich heute in der Biblioteca Marciana in Venedig.

Schon sehr früh wurde der Troja-Mythos von Dichtern und Künstlern aufgegriffen. Neben Fragmenten älterer Dichtungen aus dem 7. und 6. vorchristlichen Jahrhundert sind es vor allem die Dramen der attischen Dichter Aischylos, Sophokles und Euripides aus dem 5. Jahrhundert, in denen Teile des Troja-Mythos verarbeitet werden. Szenen aus dem trojanischen Krieg wurden auch von Malern und Bildhauern aufgegriffen und stellen ein beliebtes Thema der attisch schwarz- und rotfigurigen Vasenmalerei des 6. und 5. Jahrhunderts dar (Abb. 3). Eine der frühesten Wiedergaben (um 670 v. Chr.) befindet sich auf einem großen Vorratsgefäß von der Kykladeninsel Mykonos und zeigt die Eroberung Trojas mit Hilfe des hölzernen Pferdes.

Der Mythos von Troja oder Ilion – wie die Stadt vielleicht sogar schon vor Homers Zeiten, sicher aber bereits in den ältesten schriftlichen Überlieferungen genannt wurde – erlangte in der griechischen Welt große Berühmtheit, berichtete er doch von der eigenen heroischen Vergangenheit. Das hellenistische Ilion profitierte von der mythischen Geschichte des Ortes. Schon Alexander der Große soll laut Strabon

Abb. 3: Achill verbindet den verwundeten Patroklos. Sosias-Maler, attisch-rotfigurig, um 500 v. Chr. Antikensammlung Berlin. Foto: Johannes Laurentius.

(63 v. Chr.–19 n. Chr.) am so genannten „Grab des Achills", einem Hügel in der Ebene von Troja, Opfer dargebracht haben. Unter Lysimachos, einem der Diadochenherrscher in der Nachfolge Alexanders, erfolgte in bewusster Anknüpfung an die mythische Rolle der Stadt deren Ausbau, der dann in römischer Zeit fortgesetzt wurde.

Die Bedeutung Ilions aus römischer Sicht bezog sich freilich weniger auf das siegreiche Griechenheer als vielmehr auf die Trojaner selbst, auf die man die eigene Herkunft zurückführte. Im 1. Jahrhundert v. Chr. griffen römische Schriftsteller diesen Sagenstoff auf. Hier ist vor allem die Dichtung „Aeneis" von Vergil (70–19. v. Chr.) zu nennen. In diesem zu einem römischen Nationalepos gewordenen Werk wird die alte Troja-Erzählung in der Absicht weitergeführt, die römische Genealogie mit diesen sagenhaften Ursprüngen zu verknüpfen. So soll einst Aeneas, der Neffe des Königs Priamos, seinen alten Vater auf den

Schultern tragend und seinen kleinen Sohn Ascanius an der Hand führend, aus dem brennenden Troja nach Latium geflohen und dort Stammvater der Römer geworden sein.

Für die römischen Kaiser war es sozusagen obligatorisch, bei ihren Reisen nach Kleinasien auch Ilion aufzusuchen, den Ausbau der Stadt zu fördern und dort Opfer darzubringen. Dass dieser Troja-Bezug gelegentlich sogar pathologische Züge annehmen konnte, belegt das Verhalten Kaiser Caracallas, der seinen Günstling Festus in Ilion vergiften ließ, um die in der Ilias geschilderten Leichenspiele für Patroklos, den Freund des Achill, nachstellen zu können.

Es gibt also genügend Überlieferungen, die belegen, dass man in der griechisch-römischen Zeit die Siedlung bei dem türkischen Ort Hısarlik für das homerische Troja hielt. In der spätrömischen Zeit geriet die topographische Lage Trojas offenbar allmählich wieder in Vergessenheit. Denn obwohl die Ausgrabungsergebnisse bezeugen, dass der Platz damals noch besiedelt war und erst im 6. Jahrhundert n. Chr. durch Erdbeben weitgehend zerstört worden ist, berichtet schon im 5. Jahrhundert die oströmische Kaiserin Eudoxia (421–444 n. Chr.) in ihrem Werk „Ionia" Folgendes: „Ilios zwischen dem Ida und dem Meere, die einst so prachtvolle Stadt, verdient, dass man Tränen über sie weint, denn sie ist so vollkommen zerstört, dass selbst ihre Fundamente nicht mehr übrig sind."

Trotz der verheerenden Erdbeben soll, so berichten byzantinische Quellen, in Ilion bis mindestens 900, eventuell aber auch noch einige Jahrhunderte länger, ein christlicher Bischof residiert haben. Ob dabei aber noch auf die antike Stadt bei Hısarlik oder auf das südlich des Flusses Skamander gelegene, in römischer Zeit gegründete „Alexandria Troas" Bezug genommen wird, ist unklar. In der „Tabula Peutingeriana", einem Kartenwerk aus dem 13. Jahrhundert, das die spätmittelalterliche Kopie eines wohl aus dem 4. nachchristlichen Jahrhundert stammenden Originals darstellt, ist jedenfalls nur noch der Ort Alexandria Troas eingezeichnet. Scherben byzantinischer Gefäße aus den obersten Schichten von Troja zeigen jedoch, dass es hier bis in das 13. Jahrhundert Bewohner gab, die sich in dem großen Ruinenfeld eingerichtet hatten.

Im Mittelalter war die Lokalität Trojas von nur geringer Bedeutung, denn im Vordergrund standen der Mythos und seine Verarbeitung in Literatur und Dichtung. Basierend auf spätantiken Nacherzählungen der Ilias entstanden im 12. und 13. Jahrhundert mehrere Ritterromane, die sich dieser Thematik widmeten. Verschiedene europäische Fürstengeschlechter, darunter auch die Habsburger, führten wie schon die Römer ihre Herkunft auf die Trojaner zurück (Abb. 4). Diese mythische Verbundenheit mit der sagenhaften Stadt hatte unter anderem zur Folge, dass im 13. Jahrhundert der vierte Kreuzzug auch damit begründet wurde, man müsse als Rächer der einstigen Trojaner nach Osten vorstoßen. Kurioserweise behauptete zweihundert Jahre später der Eroberer Konstantinopels, Sultan Mehmed II. (gest. 1481),

Abb. 4: Darstellung der Belagerung von Troja. Bilderchronik des Jakob Mennel für Kaiser Maximilian I. von 1505. Österreichische Nationalbibliothek Wien.

genau das Gleiche, dieses Mal aber in Verbindung mit einem Vorstoß in Richtung Westen.

Mit der Erfindung des Buchdrucks wurde nicht nur die Bibel, sondern auch die Ilias einer breiteren Leserschaft zugänglich, lag sie doch 1488 zum ersten Mal gedruckt vor. Im 18. Jahrhundert erhielt der trojanische Sagenkreis eine zusätzliche Bedeutung, denn zeitgenössische Dichter ließen sich durch die antiken Vorgänger zu dramatischen Meisterwerken anregen – man denke etwa an Goethes „Iphigenie".

Die Werke Homers gehörten von nun an zum bürgerlichen Bildungsgut. Generationen von Schülern lernten im Griechischunterricht die Anfänge der Ilias und der Odyssee auswendig. Dieser Tradition fühlte sich – obwohl er als Kind nur eine rudimentäre klassische Bildung genießen konnte – letztlich auch Heinrich Schliemann verpflichtet. Nach eigenen Aussagen soll er schon als Siebenjähriger nach der Lektüre einer Troja-Erzählung in Jerrers „Weltgeschichte für Kinder" den Wunsch verspürt haben, einstmals die Mauern dieser Stadt auszugraben (Abb. 5).

Abb. 5: Die Flucht des Aeneas aus Troja. Kupferstich aus dem 1828 erschienenen Buch von G. L. Jerrer, Weltgeschichte für Kinder.

Die Suche nach Troja: Von Lechevalier bis Schliemann

Erst im 18. Jahrhundert interessierte man sich wieder dafür, wo das Troja Homers gelegen haben könnte. Schon damals hoffte man, anhand der eventuell noch vorhandenen Ruinen nachprüfen zu können, in wieweit die homerischen Erzählungen tatsächlich auf Tatsachen beruhten. 1768 bereiste Baron Johann Hermann, ein Freund des berühmten Altertumsforschers Johann Joachim Winckelmann (1717–1768), die Troas und vermutete schon damals, dass Troja auf dem Hügel bei dem türkischen Ort Hısarlik nahe der Mündung des Skamanders gelegen haben könnte. Diese Ansicht wurde 1801 durch den Engländer E. D. Clarke aufgrund antiker Münzfunde von dieser Lokalität bekräftigt. Der Franzose J. B. Lechevalier, der 1785 im Auftrag des französischen Gesandten von Konstantinopel Reisen ins nordwestliche Anatolien unternahm, hielt dagegen einen

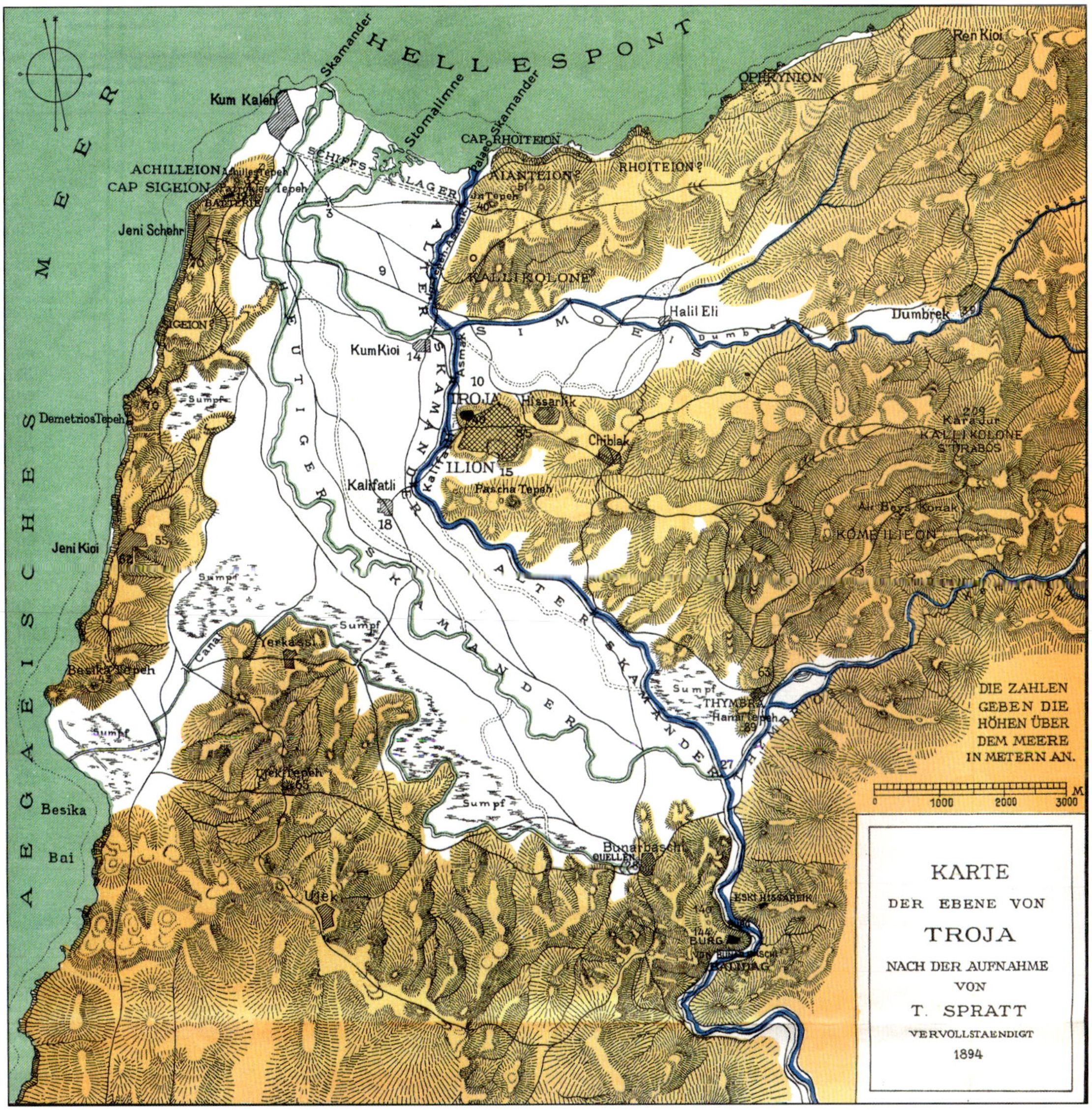

Abb. 6: Karte der Troas mit der Ortsbezeichnung „Troja Ilion" nach einer Vorlage von T. Spratt aus dem Jahr 1840, revidiert von E. Bournouf.

etwa 7 km südlich von Hısarlik gelegenen Siedlungshügel bei dem Ort Bunarbaschi für das Troja des Königs Priamos.

Beide Thesen fanden in den Folgejahren Befürworter und Gegner. Obwohl J. G. von Hahn, J. Schmidt und E. Ziller bei ihren Grabungen 1864 in Bunarbaschi nur Gebäudereste des 7. bis 4. Jahrhunderts v. Chr. freilegen konnten, glaubten manche Forscher, darunter auch der bekannte deutsche Archäologe Ernst Curtius, weiterhin, dieser Ort sei das homerische Troja.

Bereits 1839 hatten der britische Marineoffizier T. A. Spratt und der Topograph F. Forchhammer eine genaue Karte der Troas erarbeitet (Abb. 6). Ein weiteres Kartenwerk, das H. Kiepert 1842 anfertigte, basierte auf den topographischen Erkundungen des russischen Geologen P. Tschichatschow. Auf einer seiner Reisen durch die Troas wurde Tschichatschow von Frank Calvert begleitet, der aus einer britischen, bereits in der zweiten Generation in der Troas ansässigen Familie stammte, später als britischer und amerikanischer Konsul amtierte und im Laufe seines Lebens eine umfassende Sammlung von Altertümern aus der Troas zusammenbrachte. Calvert, der als ein genauer Kenner des Landes früh zu der Überzeugung gelangt war, dass sich das antike Troja bei dem Dorf Hısarlik befinden müsse, kaufte bereits 1865 die Hälfte des Hügels und führte dort erste Grabungen durch. Aus finanziellen Gründen konnte er seine Untersuchungen jedoch nicht fortsetzen. Ein eher zufälliges Zusammentreffen mit dem durch die Troas reisenden wohlhabenden Privatgelehrten Heinrich Schliemann gab ihm die Gelegenheit, diesen für seine Grabungen zu interessieren und zur Mitarbeit zu gewinnen.

Heinrich Schliemann: Vom Handelslehrling zum Altertumswissenschaftler

Dass Heinrich Schliemann schon zu Lebzeiten zu einer Berühmtheit wurde, ist nicht nur seinen Erfolgen als Ausgräber, sondern auch den zumeist vom ihm selbst in Umlauf gebrachten, häufig widersprüchlichen biographischen Angaben zu verdanken, die, wie D. Hertel es formulierte, eine „eigene Hagiographie" ergaben.

Der 1822 als fünftes Kind des Pfarrers Ernst Schliemann im mecklenburgischen Neubukow geborene Heinrich wuchs bis zum Tod der Mutter im Jahr 1831 in Ankershagen auf, wo sein Vater die Pfarrstelle innehatte (Abb. 7). Schon zu Lebzeiten der Mutter waren die familiären Verhältnisse nicht einfach. Der Vater sprach übermäßig dem Alkohol zu, und die Familie war immer wieder gezwungen, finanzielle Engpässe zu überstehen. 1838 wurde Ernst Schliemann schließlich wegen einer Affäre mit einem Dienstmädchen aus dem Kirchendienst entlassen. Das Verhältnis zwischen Vater und Sohn blieb zeitlebens schwierig, zumal Heinrich seinen Vater für den frühen Tod der Mutter verantwortlich machte.

Der neunjährige Halbwaise wurde vorübergehend bei einem Onkel untergebracht und konnte einige Monate ein Gymnasium in Neustrelitz besuchen, musste aber aus finanziellen Gründen bald auf die dortige Realschule wechseln. Bereits mit 14 Jahren endete seine schulische Laufbahn und er musste sich als Krämergehilfe in Fürstenberg verdingen. Fünf Jahre später versuchte er sein Glück als Handelsgehilfe in Hamburg. Eine geplante Auswanderung nach Venezuela endete bereits vor der holländischen Küste mit einem Schiffbruch. Schließlich fand der weitgehend mittellose Heinrich als Kontordiener bei der Firma Schröder & Co. in Amsterdam ein Unterkommen.

Der schmächtige und kränkliche, jedoch von einem unstillbaren Ehrgeiz getriebene junge Mann lernte in seiner Freizeit weitgehend autodidaktisch geradezu wie besessen Fremdsprachen. Aufgrund seiner Russischkenntnisse schickte ihn das Amsterdamer Handelshaus 1846 als Agent nach St. Petersburg, wo Schliemann sich bereits ein Jahr später selbständig machte und dank seines Engagements und seines Ehrgeizes, aber auch dank manch glücklicher Umstände und einer vorteilhaften Hochzeit, schnell zu Reichtum kam (Abb. 8). Mehrere Reisen führten ihn in unterschiedliche Weltgegenden, wobei er kaufmännisches Geschick und wissenschaftliche Interessen erfolgreich miteinander verband. Eine Verdoppelung seines Vermögens verdankte er vor allem seinen Aktivitäten als Bankier und Aufkäufer von Nuggets in den Goldfeldern Kaliforniens; weitere Besitztümer kamen durch Munitionsverkäufe und andere Geschäfte während des Krim-Krieges hinzu.

1852 hatte Schliemann die Petersburger Kaufmannstochter Ekatarina Petrowna Lyshina geheiratet. Aus der 17 Jahre währenden, sehr schwierigen Beziehung stammen drei Kinder, ein Junge und zwei Mädchen, von denen eines bereits im Kindesalter verstarb. Schliemann versuchte immer wieder vergeblich, seine Frau aus ihrem Petersburger Familienclan zu lösen und für seine weit gespannten Aktivitäten zu interessieren. Sie war jedoch nicht dazu bereit, ihn auf seinen zahlreichen Reisen zu begleiten, was

Abb. 7: Das ehemalige Pfarrhaus in Ankershagen, heute Heinrich-Schliemann-Museum und Gedenkstätte.

zu einer allmählichen Entfremdung des Paares beitrug.

1858 unternahm Schliemann eine Orientreise, später folgte eine Weltreise, von der ein 1867 in Paris gedrucktes Werk, „La Chine et le Japon au temps présent", Zeugnis ablegt. 1863 beschloss der erfolgreiche Millionär schließlich, sein Leben grundlegend zu ändern. Er löste sein Handelshaus auf und ließ sich in Paris nieder, wo er 1866 an der Sorbonne ein Sprach-, Literatur- und Philosophiestudium begann.

Erst zu diesem Zeitpunkt interessierte sich Schliemann offenbar intensiver für die Altertumswissenschaften, sodass man seine späteren biographischen Angaben, die Suche nach Troja habe ihn seit seiner Kindheit beschäftigt, wohl ins Reich der Legende verweisen muss.

Eine erste archäologische Reise führte ihn 1868 nach Griechenland und dann weiter nach Kleinasien, wo er vergeblich auf dem Tell von Bunarbaschi, der damals von vielen Gelehrten für das antike Troja gehalten wurde, nach der sagenhaften Stadt suchte. Durch Zufall, nur weil er in Konstantinopel das Dampfschiff für seine geplante Rückreise verpasst hatte, lernte er den Konsul Frank Calvert kennen, der ihn davon überzeugte, das wahre Troja habe auf seinem Besitz, einem Hügel bei dem türkischen Dorf

Abb. 8: Der 25-jährige Schliemann als Kaufmann in Petersburg.

Abb. 9: Hochzeitsbild von 1869. Schliemann war damals 47, Sophia Engastromenos 16 Jahre alt.

Abb. 10: Sophia Schliemann mit den Kindern Andromache und Agamemnon.

Abb. 11: Karte der Ägäis mit den Grabungsorten Heinrich Schliemanns in Griechenland und Kleinasien.

Hısarlik gelegen. Auf Calverts Anregung hin bemühte sich Schliemann bei der türkischen Regierung um eine Ausgrabungslizenz für diesen Ort und führte dort zwischen 1870 und 1890 insgesamt sieben Grabungskampagnen durch. Der Entdecker Trojas, als den sich Schliemann in zahlreichen Zeitungsartikeln und wissenschaftlichen Publikationen feiern ließ, war er freilich nicht, sondern vielmehr Frank Calvert bzw. Baron Johann Hermann, der bereits 1768 den Hügel bei Hısarlik für das antike Troja gehalten hatte.

Die Ergebnisse seiner ersten Mittelmeerreise im Jahr 1868 dokumentierte Schliemann in dem Werk „Ithaka, le Péloponnès et Troi", mit dem er – unter Hinzufügung eines altgriechisch und lateinisch geschriebenen Lebenslaufes – 1869 an der Universität Rostock zum Doktor der Philosophie promoviert wurde. Schliemann selbst hat die Universität Rostock nie aufgesucht, das Promotionsbegehren lief über einen mit ihm verwandten Anwalt. Inwieweit auch finanzielle Transaktionen damit verbunden waren, ist nicht mehr zu ermitteln, jedenfalls hatte der weder über ein Abitur noch über ein abgeschlossenes Studium verfügende Privatgelehrte dank seines zähen Willens und seiner unermüdlichen Ausdauer mit dem Doktortitel ein für ihn entscheidendes Ziel erreicht. Schliemann hatte nämlich gehofft, mit einem akademischen Titel in der Gelehrtenwelt Anerkennung finden zu können, doch musste er zeitlebens die Erfahrung machen, dass seine wissenschaftlichen Ergebnisse mit einer geradezu zynischen Überheblichkeit von manchen Professoren in Zweifel gezogen wurden.

Im Jahr seiner Promotion gelang es ihm endlich auch, auf dem Umweg über eine amerikanische Staatsbürgerschaft, die längst nur noch auf dem Papier existierende Ehe mit seiner russischen Gattin zu lösen. Nur kurze Zeit später ehelichte er die damals erst sechzehnjährige Griechin Sophia Engastromenos (Abb. 9). Die Eheanbahnung hatte auf Schliemanns Wunsch hin der mit der Braut verwandte griechische Erzbischof Theokletos Vimpos, sein ehemaliger Griechischlehrer, eingefädelt. Schliemann zog mit seiner jungen Gemahlin in sein prunkvolles Palais nach Paris und versuchte dort, sie zu einer weltgewandten Dame ausbilden zu lassen, wozu unter anderem intensive Sprachstudien gehörten. Die Folge war ein Nervenzusammenbruch der heimwehkranken und völlig überforderten Sophia, sodass Schliemann schließlich auf den Rat der behandelnden Ärzte hin Paris verließ und in Athen seinen Wohnsitz nahm. Auf tragische Weise wiederholten sich mit Sophia die gleichen Schwierigkeiten, an denen bereits seine erste Ehe gescheitert war, denn seinen Wünschen nach einer völlig auf ihn und seine Interessen ausgerichteten idealen Ehefrau konnte auch die häufig kränkelnde Sophia nicht gerecht werden. Auch wenn sie ihn später auf einigen Reisen begleitete, gelang es Schliemann nur bedingt, sie für seine wissenschaftlichen Ambitionen zu begeistern. Viele Aktivitäten musste er ohne die Gemahlin unternehmen, die sich derweil in Athen der Erziehung der beiden Kinder, Andromache und Agamemnon, widmete (Abb. 10).

Wie wichtig Schliemann die Unterstützung seiner Frau war, zeigt beispielsweise eine der Versionen, die er über die Auffindung des Priamos-Schatzes verbreitete. Angeblich sei Sophia damals in Troja dabei gewesen und habe die dem Boden entnommenen Goldgegenstände in ihrem Schal geborgen. In Wirklichkeit befand sie sich jedoch zu diesem Zeitpunkt in Athen.

Nicht nur durch die Grabungen in Troja und die Entdeckung des Priamos-Schatzes erlangte Schliemann Berühmtheit. Sein zweiter bedeutender Grabungsplatz war sozusagen das „Hauptquartier“ der Troja-Gegner, nämlich Mykene, die Burg des Agamemnon, des Heerführers der Griechen. Weitere Grabungen fanden auf Ithaka, der Heimat des Odysseus, sowie in den mykenischen Befestigungen von Orchomenos und Tiryns statt (Abb. 11). Neben dem Schatz des Priamos ist sicherlich die im Jahr 1876 erfolgte Entdeckung des Schachtgräberrundes A von Mykene mit den berühmten Goldmasken Schliemanns bekanntester Erfolg. Wie bei vielen seiner Unternehmungen beruhte diese Entdeckung nicht allein auf Finderglück, sondern auf seinem topographischen Gespür, mit dem er auch in ausgedehnten Ruinenstätten die ausgrabungswürdigen Zonen zu lokalisieren verstand. Während die Funde der griechischen Grabungen in das Athener Nationalmuseum gelangten, vermachte Schliemann seine trojanischen Funde ebenso wie weitere Antiken, die er vor allem in Ägypten käuflich erworben hatte, den Berliner Königlichen Museen.

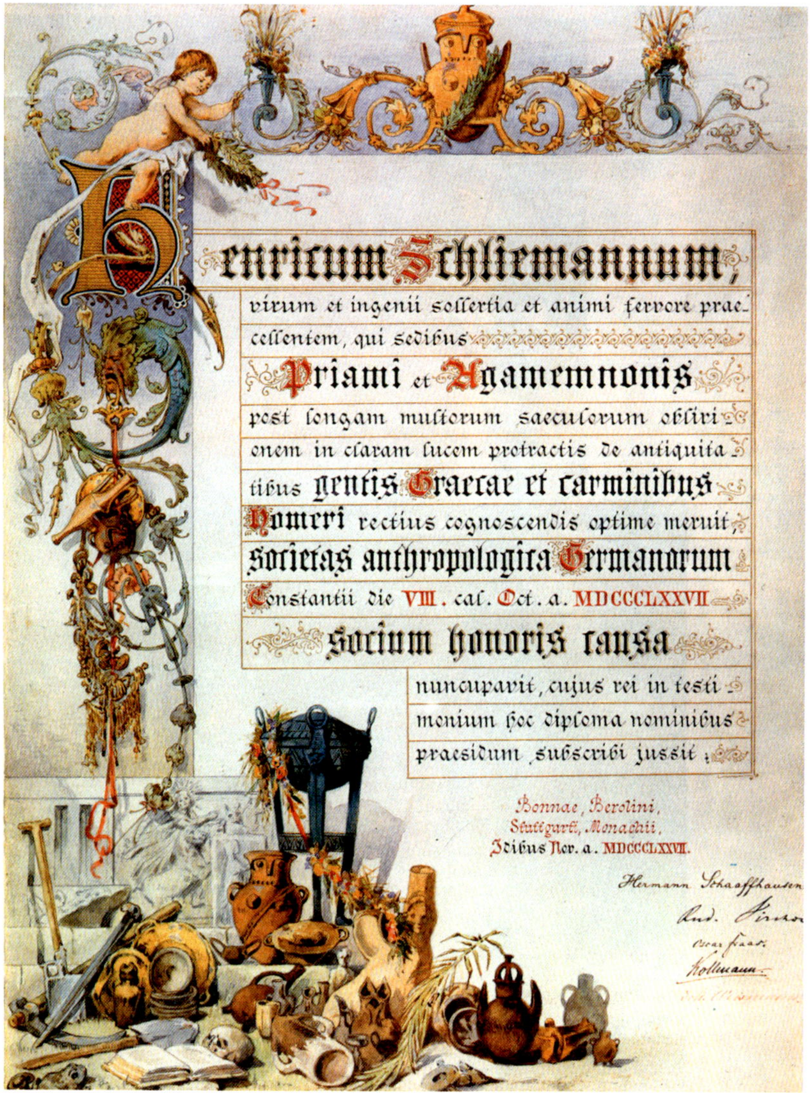
Henricum Schliemannum,
virum et ingenii sollertia et animi fervore prae-
cellentem, qui sedibus
Priami et Agamemnonis
post longam multorum saeculorum oblivi-
onem in claram lucem protractis de antiquita-
tibus gentis Graecae et carminibus
Homeri rectius cognoscendis optime meruit,
societas anthropologica Germanorum
Constantii die VIII. cal. Oct. a. MDCCCLXXVII
socium honoris causa
nuncupavit, cujus rei in testi-
monium hoc diploma nominibus
praesidum subscribi jussit.
Bonnae, Berolini,
Stutgardi, Monachii,
Idibus Nov. a. MDCCCLXXVII.

Abb. 12: Urkunde zur Verleihung der Ehrenmitgliedschaft der Deutschen Gesellschaft für Anthropologie, Ethnologie und Urgeschichte im Jahre 1877.

Trotz vieler Anfeindungen gelang es dem Autodidakten Schliemann durch seine Erfolge als Ausgräber und durch seine vielen Veröffentlichungen – ein völkerkundliches und neun archäologische Werke – schließlich doch, von großen Teilen der Gelehrtenwelt anerkannt zu werden. Er wurde Mitglied mehrerer wissenschaftlicher Gesellschaften und fühlte sich in seinen späten Jahren vor allem der von dem bekannten Mediziner und Anthropologen Rudolf Virchow geleiteten Gesellschaft für Anthropologie, Ethnologie und Urgeschichte verbunden, deren Ehrenmitglied er wurde (Abb. 12).

Seit frühester Jugend hatte Schliemann in seinem unermüdlichen Streben nach materieller, beruflicher und wissenschaftlicher Anerkennung wenig Rücksicht auf körperliche Beschwerden genommen. Die Strapazen, die er sich über

Abb. 13: Das Mausoleum Heinrich Schliemanns in Athen.

Jahre zumutete und die geringe Aufmerksamkeit, die er der eigenen Befindlichkeit widmete, führten unter anderem zu einer chronischen Ohrenentzündung und einer Tumorbildung. Eine auf den Rat Virchows durch einen Spezialisten in Halle vorgenommene Operation brachte keine Besserung, zumal Schliemann, ohne die Genesung abzuwarten, aufbrach, um über Italien nach Athen zu seiner Familie zu reisen. Unterwegs, am 26. Dezember 1890, starb er in Neapel an einer Hirnhautentzündung, die durch die nicht ausgeheilte Ohrenvereiterung entstanden war. Er wurde am 4. Januar 1891 in Athen bestattet, in einem von ihm und dem Architekten Ernst Ziller entworfenen Mausoleum, auf dem Figurenreliefs mit Szenen aus der Ilias und von Schliemann als Ausgräber zu sehen sind (Abb. 13).

Die Grabungen Heinrich Schliemanns und Wilhelm Dörpfelds in Troja

Als Schliemann 1870 mit seinen Grabungen in Troja begann, hatte er fast keine Erfahrungen in Ausgrabungsmethodik. Ihm ging es in erster Linie darum, den Mythos um den Trojanischen Krieg auf archäologischem Wege zu belegen. Als Beweise galten ihm die Freilegung einer vorgeschichtlichen Stadt an einer Stelle, die den von Homer geschilderten topographischen Gegebenheiten entsprach, sowie der Nachweis von Spuren einer Belagerung und einer Zerstörung. Er war sich bewusst, dass Troja auch nach der homerischen Zeit besiedelt gewesen war und sich deshalb auf dem Hügel bei Hısarlık viele Siedlungsablagerungen über der Stadt des Priamos befinden mussten, doch waren diese jüngeren Schichten für ihn eher ein Hindernis:

„Da es meine Absicht war, Troja auszugraben, und da ich dasselbe in einer der unteren Städte zu finden erwartete, musste ich manche interessante Ruine in den oberen Schichten zerstören …“

Schliemann war sich sicher, dass das homerische Troja direkt auf dem unbesiedelten Fels gegründet worden sein musste. Deshalb trieb er ohne Rücksicht auf jüngere Baubefunde einen 17 m breiten und 48 m langen Graben durch das Zentrum der Siedlung und ließ alle höher liegenden Wohnhorizonte abtragen (Abb. 14). Erst allmählich, durch die Diskussionen mit anderen Forschern, darunter auch mit dem wesentlich erfahreneren Frank Calvert, sowie durch eigene Beobachtungen lernte er, die Fundzusammen-

Abb. 14: Der so genannte „Schliemann-Graben“, ein Schnitt quer durch die frühgeschichtlichen Siedlungsschichten auf dem Hısarlık. Stich, um 1880.

hänge der einzelnen Siedlungsschichten zu erkennen und voneinander zu unterscheiden.

Das auf einem Plateau am Rand der alluvialen Schwemmlandebene gelegene Troja ist ebenso wie die meisten Siedlungsplätze im östlichen Mittelmeerraum ein so genannter Tell, ein durch menschliche Aktivitäten entstandener Hügel. Tells bilden sich, wenn über viele Jahrhunderte oder Jahrtausende immer am gleichen Ort Häuser erbaut werden. In diesem trockenen Klima bestanden die Gebäude bis in jüngste Zeit weitgehend aus ungebrannten Lehmziegelmauern mit steinernen Fundamenten. Solche Ziegel verwitterten schnell, die Ruinen wurden zumeist eingeebnet oder in Teilen im darüber entstehenden Neubau integriert. So bildeten sich im Laufe der Zeit mächtige Schichtenpakete einzelner Siedlungsphasen (Abb. 15).

Heinrich Schliemann erkannte sehr bald, dass es notwendig war, die verschiedenen Erdschichten genau zu beobachten, um überhaupt feststellen zu können, zu welcher Siedlungsphase sie gehörten, und dass ebenso genau darauf zu achten war, in welcher Erdschicht einzelne Funde zu Tage kamen, um diese dann den entsprechenden Epochen zuweisen zu können. Leider war der Schaden, den er mit seinem großen Nord-Süd-Graben quer durch das Burgareal angerichtet hatte, zu diesem Zeitpunkt schon geschehen. Seine Publikationen und umfänglichen Grabungstagebücher (Abb. 16) lassen freilich erkennen, dass er sich zunehmend Mühe gab, stratigraphisch, also dem Verlauf der Schichten folgend, zu graben, womit er vielen zeitgenössischen Archäologen weit voraus war. Neben exakten Zeichnungen von Baubefunden und Fundstücken nutzte er auch moderne Dokumentationstechniken wie die Fotografie. Außerdem beauftragte er zunehmend Spezialisten mit naturwissenschaftlichen Untersuchungen, etwa der Bestimmung von aus den Grabungen stammenden Knochen- und Pflanzenresten oder der chemischen Analyse von Metallgegenständen.

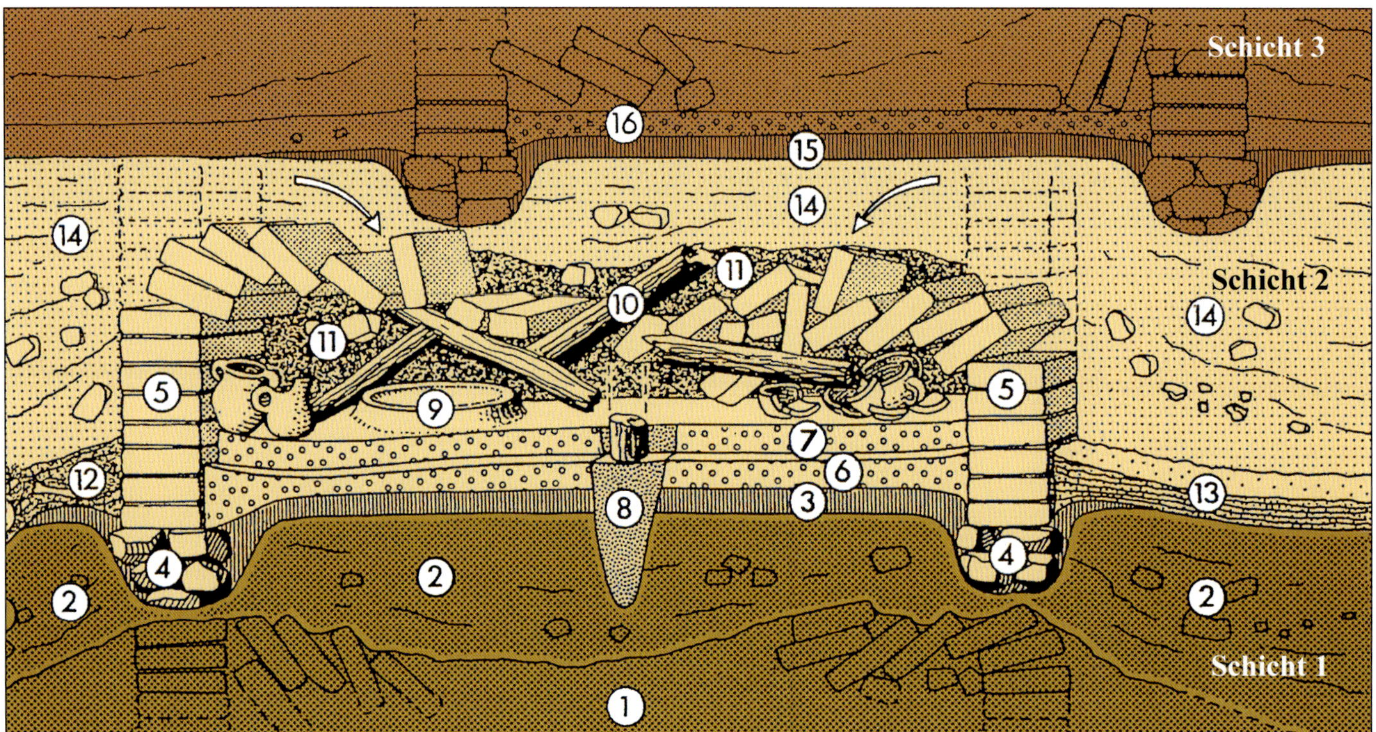

Abb. 15: Beispiel für ein Grabungsprofil in einem Tell mit drei übereinander liegenden Siedlungsschichten.

1 Reste eines zerstörten Hauses der Schicht 1
2 Eingeebnete Schutzzone der Schicht 1
3 Bauhorizont der Schicht 2
4 Steinfundament der Schicht 2
5 Lehmziegelmauer der Schicht 2
6 Älterer Fußboden der Schicht 2
7 Jüngerer Fußboden der Schicht 2
8 Grube eines dachstützenden Pfeilers der Schicht 2
9 Herdstelle der Schicht 2
10 Verstürztes Dachgebälk der Schicht 2
11 Brandschutt und Asche der Schicht 2
12 Abfallzone vor dem Haus der Schicht 2
13 Weg zwischen den Häusern der Schicht 2
14 Eingeebnete Schuttzone der Schicht 2
15 Bauhorizont der Schicht 3
16 Fußboden der Schicht 3

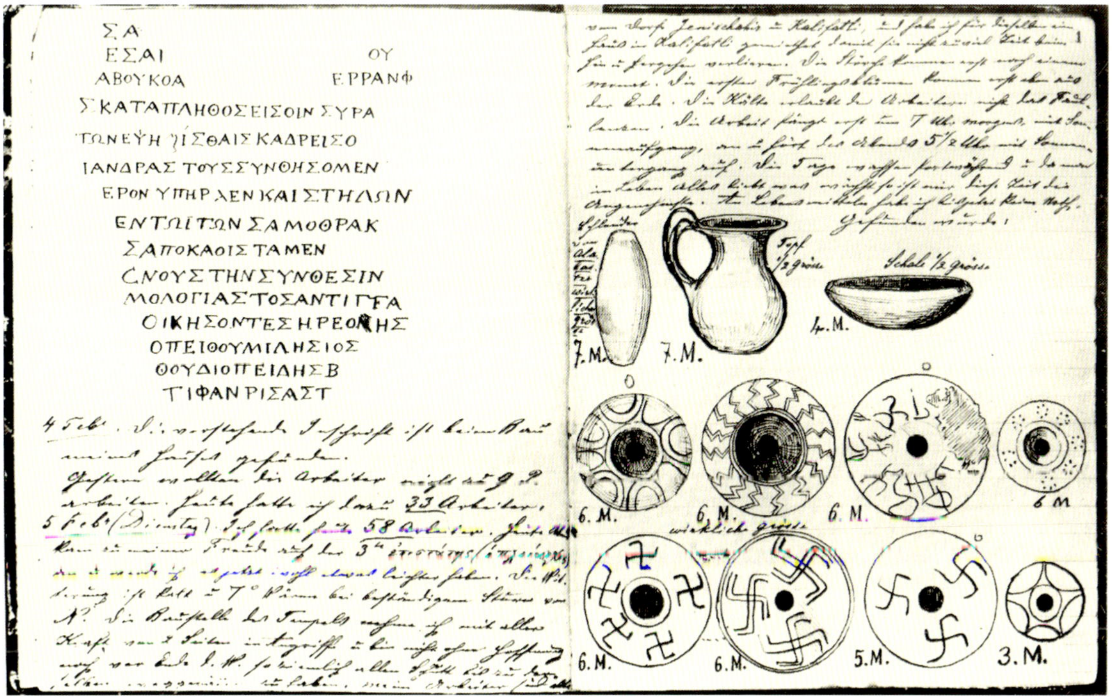

Abb. 16: Seite aus einem der Schliemannschen Grabungstagebücher von 1890, heute in der Gennadios-Bibliothek in Athen aufbewahrt.

Schliemanns fixe Idee, das Troja des sagenhaften Königs Priamos finden zu wollen, führte freilich immer wieder zu Konflikten zwischen seiner wissenschaftlichen Aufrichtigkeit und dem Bedürfnis, spektakuläre Ergebnisse zu erzielen und diese so schnell wie möglich einer breiten Öffentlichkeit bekannt zu geben. Da die Gebäudereste der direkt auf dem natürlichen Felsen errichteten ersten Bebauung auf dem Tell kaum mit der von Homer geschilderten Palastarchitektur in Einklang zu bringen waren, wies Schliemann eine darüber liegende Schicht, die neben starken Brandzerstörungen auch die Reste größerer Lehmziegelgebäude aufwies, dem mythischen Troja zu. Ein größeres Gebäude mit Vorhalle, ein so genanntes Megaron, hielt er für den Palast des sagenhaften Königs Priamos (Abb. 17).

> *„Bei weitem das bemerkenswertheste von allen Häusern ist zweifellos das Gebäude unmittelbar nordwestlich vom Thore. Ich schreibe es dem Stadtoberhaupt oder König zu, erstens, weil es bei weitem das grösste Haus von allen ist, und zweitens, weil ich in oder dicht bei ihm neun von den zehn Schätzen fand.“*

Die Entdeckung verschiedener Horte mit Schmuck und Gefäßen aus Edelmetall, Äxten aus Halbedelsteinen und kunstvoll getriebenen, riesigen Bronzegefäßen waren für ihn der endgültige Beweis, dass es sich bei dieser Stadt um das homerische Troja handeln musste. Den 1873 während der dritten Grabungskampagne entdeckten „Fund A“ mit Goldgefäßen und reichem Schmuck präsentierte er schon Tage nach der Auffindung der Weltöffentlichkeit den „Schatz des Priamos“.

Schliemanns Darstellungen der Auffindungsumstände in seinem Tagebuch und in den Briefen, die er an verschiedene Wissenschaftler und Zeitschriften richtete, sind sehr widersprüchlich. Sie trugen dazu bei, dass lange vermutet wurde, der Schatz stamme gar nicht aus Troja, sondern sei von Schliemann im Kunsthandel zusammengekauft oder sogar vollständig gefälscht worden. Inzwischen bestehen kaum noch Zweifel an der Authentizität des Fundes, gibt es doch bei den Goldgegenständen genügend Details, die Entsprechungen in anderen ostägäischen Schmuckensembles der frühen Bronzezeit finden.

Das Verhältnis zwischen dem Ausgräber und den osmanischen Behörden war von Anfang an gespannt. Ungeduldig, wie Schliemann war, hatte er gegen den Rat Calverts bereits 1870 mit seinen Ausgrabungen begonnen, ohne dass eine Grabungserlaubnis, ein so genannter Ferman, vorlag. Sehr verärgert war er später über die Auflage, dass ein türkischer Inspektor bei den Arbeiten anwe-

Abb. 17: Palastgebäude mit mehreren Räumen und großen Vorratsgefäßen. Im Hintergrund die noch unberührten Siedlungsschichten am Rande des großen Schliemanngrabens. Stich, um 1880.

send zu sein hatte. Immer wieder versuchte er, den Inspektor vor allem bei wichtigen Fundbergungen auszuschließen. Auch die Freilegung des insgesamt 8.833 Objekte umfassenden „Priamos-Schatzes" (Abb. 18) erfolgte hinter dem Rücken des türkischen Bevollmächtigten Amin Effendi und seiner Grabungsarbeiter:

> *„Um den Schatz der Habsucht meiner Arbeiter zu entziehen ... war allergrößte Eile nötig; und obgleich es noch nicht Frühstückszeit war, so ließ ich doch sogleich ‚paidos' ausrufen; und während meine Arbeiter aßen und ausruhten, schnitt ich den Schatz mit einem großen Messer heraus."*

Schliemann verbreitete verschiedene Versionen über den Tag und den Ort der Auffindung des Goldes. Inzwischen ist mit einiger Sicherheit davon auszugehen, dass der Schatz am 31. Mai 1873, kurz vor dem geplanten Ende der Grabungskampagne, entdeckt wurde. Die Kostbarkeiten befanden sich in einer Steinkiste unterhalb einer mächtigen Brandschicht. Schliemanns damalige Tagebuchangabe, die Gold- und Silbergefäße und der Schmuck seien im Palast des Priamos entdeckt worden, widerspricht der späteren Beschreibung in seinem Werk Ilios, nach der sie „auf der Ringmauer" gefunden worden sein sollen. Diese widersprüchlichen Angaben, darunter auch die anfängliche Behauptung, seine Gattin sei bei der Bergung anwesend gewesen, machten ihn für viele unglaubwürdig. Schliemann versuchte später, diese Rufschädigung zu minimieren, so erklärte er beispielsweise, er habe die Anwesenheit seiner Gattin nur deshalb der Presse vorgespielt, um Sophia durch die Einbeziehung stärker für seine archäologischen Forschungen zu interessieren (Abb. 19).

Eine Auswertung aller mit der Bergung des Schatzes zusammenhängenden Fakten durch Donald Easton hat ergeben, dass die Kostbarkeiten zwar über dem Verteidigungswall der älteren Schichten, aber noch innerhalb der Mauern der jüngeren Schichten von Troja II lagen. Der Tübinger Archäologe Manfred Korfmann, der mit einem internationalen Team 1988 die Grabungen vor Ort wieder aufnahm, ging davon aus, dass das Gold ursprünglich in einem Raum deponiert worden war, der zu einem der Ausfalltore gehörte. Ob es sich dabei um ein Bauopfer, wie es, archäologisch belegt, häufiger an neuralgischen Punkten wie einem Tor eingebracht wurde, oder aber um einen Versteckfund handelt, ist nicht mehr eindeutig festzustellen. Dass der Fund aber tatsächlich aus den frühbronzezeitlichen Ablagerungen Trojas stammt, ist sowohl durch die auf Schliemanns Beschreibungen hin mögliche Zuordnung zum Architekturbefund, als auch durch Vergleiche mit ähnlichen Schmuckelementen des 3. vorchristlichen Jahrtausends gesichert.

Der Versuch Schliemanns, die Bergung des Schatzes zu verheimlichen, diente in erster Linie dem Zweck, den Schatz „in Sicherheit" zu bringen, bevor die türkischen Behörden etwas von

Abb. 18: Der Schatz des Priamos in einer frühen Aufnahme von 1874.

Abb. 19: Sophia Schliemann, angetan mit dem Goldschmuck aus dem „Schatz des Priamos".

Abb. 20: Die Erstausgabe von Schliemanns berühmtem Werk „Ilios".

seiner Existenz erfuhren. Er ließ die Fundstücke in Körbe verpackt heimlich auf die Farm der Calverts bringen, von wo sie vermutlich durch Frank Calverts Bruder Frederick in Schliemanns Auftrag und als Diplomatengepäck getarnt nach Athen geschafft wurden.

In dem Vorhandensein des Goldschatzes sah Schliemann den endgültigen Beweis, dass es sich bei der zweiten Schicht – anfänglich hielt er sie noch für die dritte Schicht – tatsächlich um die Burg des Priamos gehandelt haben müsse. Damit hatte er seiner Ansicht nach das erreicht, was er sich mit der Grabung vorgenommen hatte: Die Existenz Trojas und die Wahrhaftigkeit der Homerischen Überlieferung waren bewiesen. Zeitweise wollte er die Untersuchungen auf dem Tell ganz einstellen. Zudem erhielt er als Folge des Rechtsstreits, den die Türkei wegen der illegalen Ausfuhr des Schatzfundes gegen ihn anstrengte und von dem weiter unten ausführlicher die Rede sein soll, vorerst keine weiteren Grabungslizenzen. Deshalb publizierte er in den Folgejahren die Ergebnisse der drei Grabungskampagnen in Troja in mehreren für die damaligen Verhältnisse sehr umfangreichen und sorgfältig recherchierten Abhandlungen (Abb. 20) und wandte sich anschließend Mykene, der Heimat des Agamemnon, zu, wo er 1876 die berühmten Schachtgräber freilegen konnte.

Inzwischen waren jedoch, nicht zuletzt wegen der vielen voreiligen Schlussfolgerungen und der gewaltigen Medienresonanz, die Schliemann selber gefördert hatte, massive Zweifel an der Stichhaltigkeit seiner Forschungsergebnisse laut geworden. Deshalb setzte er 1878 mit Genehmigung der osmanischen Regierung die Grabungen in Hısarlık fort, um weitere Indizien dafür zu finden, dass hier der trojanische Krieg stattgefunden hatte. Im Folgejahr nahm neben weiteren Wissenschaftlern auch der mit ihm befreundete Berliner Gelehrte Rudolf Virchow (Abb. 21) an den Grabungen teil. Virchow trug entscheidend dazu bei, dass der als Dilettant abqualifizierte Schliemann auch in wissenschaftlichen Kreisen zunehmend Anerkennung fand.

Im Jahr 1882 gewann Schliemann in dem jungen Architekten und Archäologen Wilhelm Dörpfeld einen kompetenten Mitarbeiter. Dörpfeld hatte zuvor in Olympia ausgegraben, war eng mit dem Deutschen Archäologischen Institut in Athen verbunden und verfügte über entsprechende Grabungserfahrung (Abb. 22). Schliemann selbst waren inzwischen Zweifel daran gekommen, ob die von ihm als zweite Ansiedlung bezeichneten Schichten tatsächlich das homerische Troja darstellten. Durch die sorgfältigen Schichtenbeobachtungen Dörpfelds wurde

Abb. 21: Rudolf Virchow, Stadtverordneter und Ehrenbürger von Berlin. Gemälde von Hugo Vogel 1891.

Abb. 22: Wilhelm Dörpfeld (1853–1940), Mitarbeiter und Nachfolger Heinrich Schliemanns in Troja.

immer deutlicher, dass Scherben von Gefäßen, wie sie massenweise in den mykenischen Befestigungen auf der griechischen Peloponnes gefunden worden waren, zwar vereinzelt auch in Troja vorkamen, aber eben nicht in der zweiten Ansiedlung, sondern erst in den weit darüber liegenden Ablagerungen. Wenn also die Mykener tatsächlich Troja zerstört haben sollten, so musste dieses Ereignis mit der Schicht zusammenhängen, in der sich durch die mykenische Keramik auch ihre Spuren nachweisen ließen. Und das traf auf keine der frühbronzezeitlichen Siedlungsphasen zu.

Großflächige Freilegungen von Bereichen, in denen noch Spuren des spätbronzezeitlichen Trojas erhalten waren, erfolgten jedoch erst 1893 und 1894 nach Schliemanns Tod, sodass ihm zu Lebzeiten ein Widerruf seiner These bezüglich der zweiten Ansiedlung erspart blieb. Sehr wahrscheinlich war ihm aber bereits in seinen letzten Lebensjahren bewusst, dass seine Theorie nicht stimmen konnte.

Aber auch unabhängig von der Frage, welche Ansiedlung nun wirklich die Stadt des Priamos gewesen war, musste sich Schliemann in seinen letzten Lebensjahren mit zahlreichen Kritikern auseinandersetzen, vor allem mit den Anhängern des preußischen Artilleriehauptmanns Ernst Bötticher, der die prähistorischen Siedlungsschichten von Hısarlik, ohne sie je in Augenschein genommen zu haben, für eine riesige Nekropole mit Brandbestattungen hielt. Seine zum Teil absurden Thesen brachten Schliemann auf die Idee, wissenschaftliche Konferenzen mit internationaler Beteiligung am Grabungsort selbst durchzuführen. Die 1889 und 1890 unter Beteiligung namhafter Forscher veranstalteten Tagungen führten zu einer offiziellen Rehabilitierung des Ausgräbers (Abb. 23).

Nach Schliemanns Tod im Jahr 1890 setzte Dörpfeld die Untersuchungen bis 1894 fort. War Schliemann ursprünglich noch von sieben Siedlungsschichten ausgegangen, so konnte Dörpfeld insgesamt neun Schichten unterscheiden, die von der frühen Bronzezeit bis in die Römerzeit reichten (Abb. 24).

Fast ein halbes Jahrhundert später, von 1932 bis 1938, führte der amerikanische Archäologe Carl W. Blegen von der University of Cincinnati weitere Grabungen in Troja durch. Er bestätigte im Wesentlichen die von Schliemann und Dörpfeld definierte Schichtenfolge, war aber aufgrund der inzwischen verfeinerten Grabungsmethodik in der Lage, in den von ihm angelegten Grabungsschnitten insgesamt 46 übereinander liegende Bauphasen zu unterscheiden. Hatte Dörpfeld noch die Schicht VI mit dem homeri-

Abb. 23: Die zweite Trojakonferenz im Jahr 1890. Von links nach rechts: Virchow, Grempler, Halil Bey, Schliemann, Mrs. Calvert, Dörpfeld, Mad. Babin, M. Babin, von Duhn, Humann. Vorne sitzend: Calvert, Hamdi Bey, Waldstein.

schen Troja gleichgesetzt, so identifizierte Blegen die darauf folgende Schicht VIIa mit der sagenhaften Stadt, da die Funde aus dieser Schicht am ehesten mit denjenigen der mykenischen Palastkultur auf dem griechischen Festland übereinstimmten und zudem die gesamte Ansiedlung einer großflächigen Zerstörung zum Opfer gefallen war.

Blegens Nachfolger, der Tübinger Archäologe Manfred Korfmann, stand vor dem Problem, dass seine Vorgänger schon wesentliche Teile des Kerns der Siedlung abgegraben hatten. Dennoch gelang es ihm, in seinen Grabungsschnitten über 50 aufeinander folgende Bauphasen zu identifizieren. Korfmann vermied freilich, in der Diskussion, ob und wann der trojanische Krieg stattgefunden habe, eindeutig Position zu beziehen. In dem Katalog der von ihm 2001 durchgeführten Troja-Ausstellung „Traum und Wirklichkeit" schreibt er, auf die Schicht VI bezogen, Folgendes (S. 349): „Wenn es jemals eine „Stadt des Priamos" gab, dann könnte sie mit diesem Ruinenkomplex identifiziert werden, wie einige meinen, andere sehen sie jedoch in Troia VIIa".

Korfmann und sein Nachfolger Ernst Pernicka konzentrieren ihre Bemühungen vor allem auf die Siedlungsbereiche außerhalb der Zitadelle von Troja. Immer stärker zeichnet sich ab, dass auch die Unterstadt von Troja schon während der Bronzezeit dicht bebaut war.

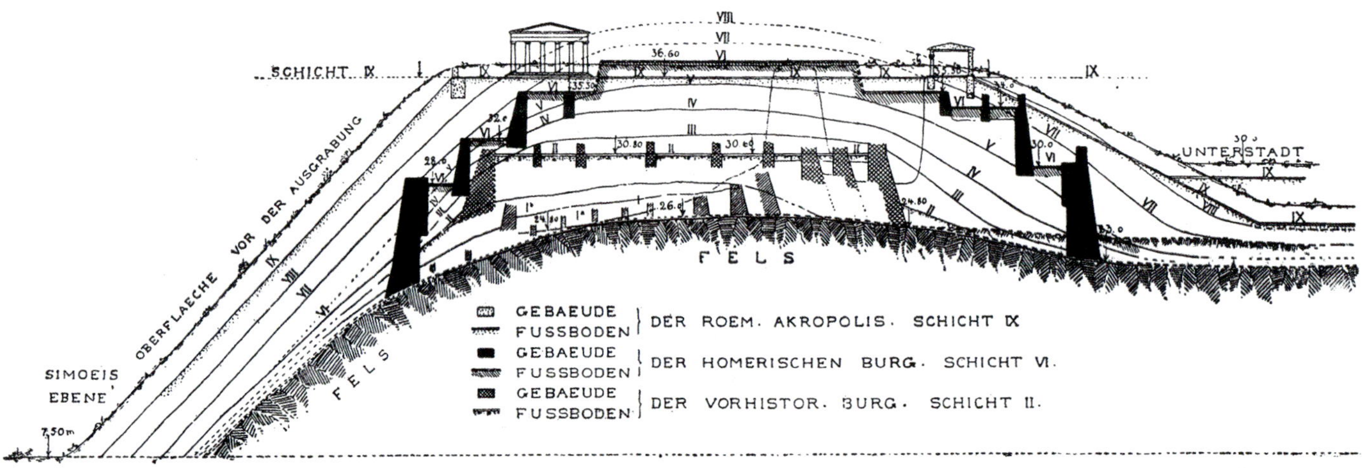

Abb. 24: Die Schichtenfolge von Troja, erstmals publiziert von Wilhelm Dörpfeld im Jahr 1902.

Die Besiedlungsphasen von Troja

Im Lauf von mehr als 3000 Jahren wuchsen die durch menschliche Siedlungstätigkeit entstandenen Schichten von Troja zu einem Hügel von 15 m Höhe heran. Nähert man sich dem Ort von der Küste her, wirkt der Tell besonders eindrucksvoll, da er sich ganz am Rande des zur Skamander-Flussebene abfallenden Plateaus befindet (Abb. 25). Nach Süden schließt sich ein leicht abschüssiges Gelände an, das bereits von Schliemann und Dörpfeld als Unterstadt bezeichnet worden ist und vor allem in hellenistisch-römischer Zeit dicht bebaut war (Abb. 26).

Durch die – mit Unterbrechungen – nun fast eineinhalb Jahrhunderte andauernde Grabungstätigkeit in Troja-Hısarlik konnte die Definition der einzelnen Siedlungsschichten immer weiter verfeinert werden. Statt von neun Ansiedlungen geht man inzwischen von um die 50 übereinander liegenden Bauphasen aus. Dennoch bildet die Grobeinteilung von Schliemann und Dörpfeld in neun „Städte“ bis heute die Basis für die Arbeiten in Troja (Abb. 27).

Abb. 25: Blick auf die Grabung in Troja von der Skamanderebene aus. Stich um 1880.

Troja I, frühe Bronzezeit, ca. 3000 bis 2600 v. Chr.

Die ältesten Siedlungsschichten von Troja, die von Schliemann als „Ansiedlung I“ bezeichnet wurden, befinden sich im westlichen Teil des Hügels und bilden eine bis zu 4 m mächtige Schicht. Bereits diese frühe Siedlungsanlage von etwa 90 m Durchmesser war von einer Schutzmauer aus Bruchsteinen mit einem Aufbau aus luftgetrockneten Lehmziegeln umgeben und besaß mindestens drei Tore. Im Inneren der Anlage befanden sich Langhäuser aus Lehmziegeln mit Steinfundamenten. Außerdem existierte wohl schon damals eine kleine Außensiedlung.

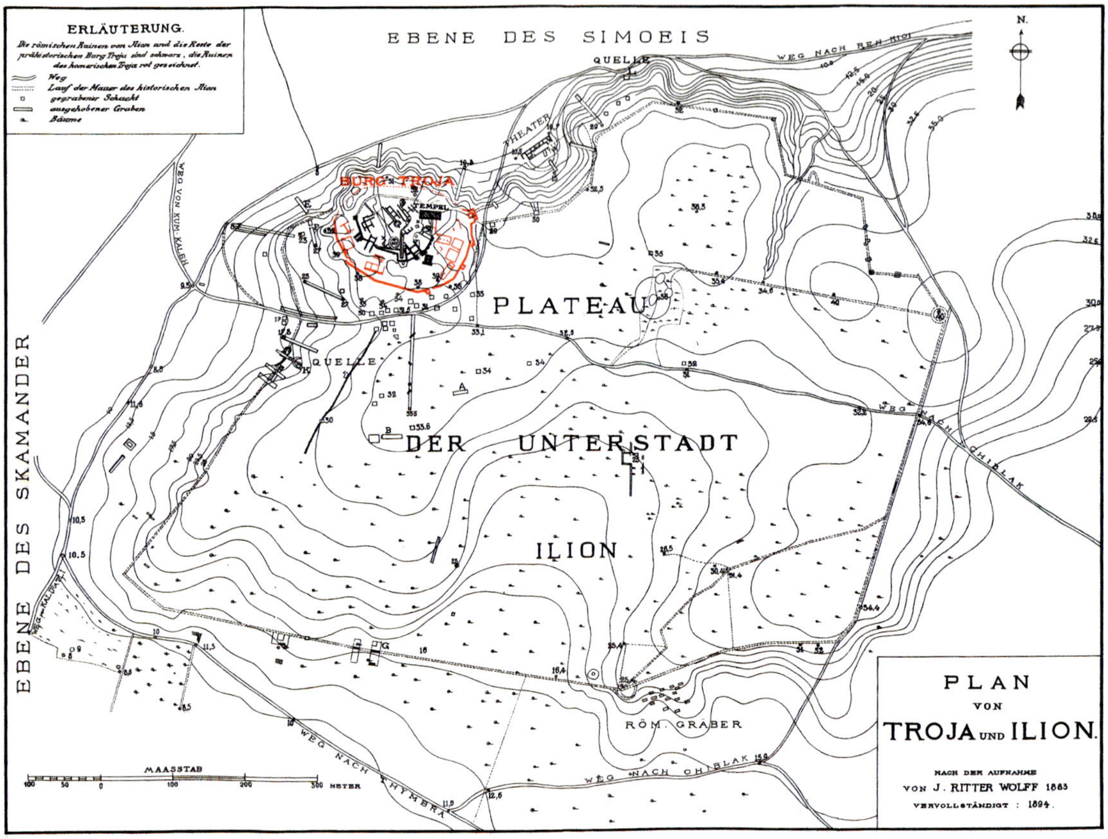

Abb. 26: Siedlungsbereich von Troja nach den Aufmessungen von 1883 bis 1894.

Sowohl die Gebäude als auch die Umfassungsmauer wurden mehrfach – nach neuesten Erkenntnissen bis zu 14-mal – erneuert. Ein Gebäude fällt durch seine Größe (18,75 x 7m) besonders auf und entspricht mit seiner Vorhalle dem so genannten Megaron-Typ, der auch in den jüngeren Schichten als zentrales Gebäude („Palast") immer wieder anzutreffen ist (Abb. 28). Die jüngste Siedlung dieser ersten Phase fand durch eine verheerende Brandkatastrophe ihr Ende.

Aus dieser frühen Zeit stammen zahlreiche Steingeräte, es wurden aber auch schon erste Kupfergegenstände gefunden. Die Keramikgefäße sind von guter, hart gebrannter Qualität und häufig durch Ritzmuster verziert. Sie besitzen Entsprechungen in zeitgleichen Siedlungsplätzen der östlichen Ägäis und zeigen, dass die Bewohner von Troja schon zu dieser Zeit mit den ostgriechischen Inseln und dem griechischen Festland in Verbindung standen.

Troja II, frühe Bronzezeit, ca. 2600 bis 2400 v. Chr.

Nach der Brandzerstörung wurde die Siedlung im Bereich der Zitadelle von Troja auf etwa 120 m Durchmesser vergrößert und von einer mächtigen Mauer, bestehend aus einem Kalksteinsockel mit Lehmziegelaufbau und kleineren Türmen, umschlossen. Im Inneren der Anlage befanden sich mehrere Häuser vom Megaron-Typ, von denen das größte von 35 m Länge mit einem zentralen Herd wohl als repräsentativer Herrschaftsbereich gedeutet werden kann. Weitere Gebäude und ein Hof mit Säulenumgang haben offenbar zu diesem Komplex gehört. Zwei mächtige Tore mit vorgelagerten gepflasterten Rampen ermöglichten von Norden und Süden aus einen repräsentativen Zugang zu der Zitadelle (Abb. 29).

Außerhalb der Burg befanden sich weitere Gebäude. Es konnten in Troja II acht übereinander liegende Siedlungsschichten unterschieden werden, von denen allein drei, wie schon die jüngste Siedlung von Troja I, durch Brände zugrunde gingen. Aus diesen Ablagerungen stammen die meisten der von Schliemann geborgenen Schatz-

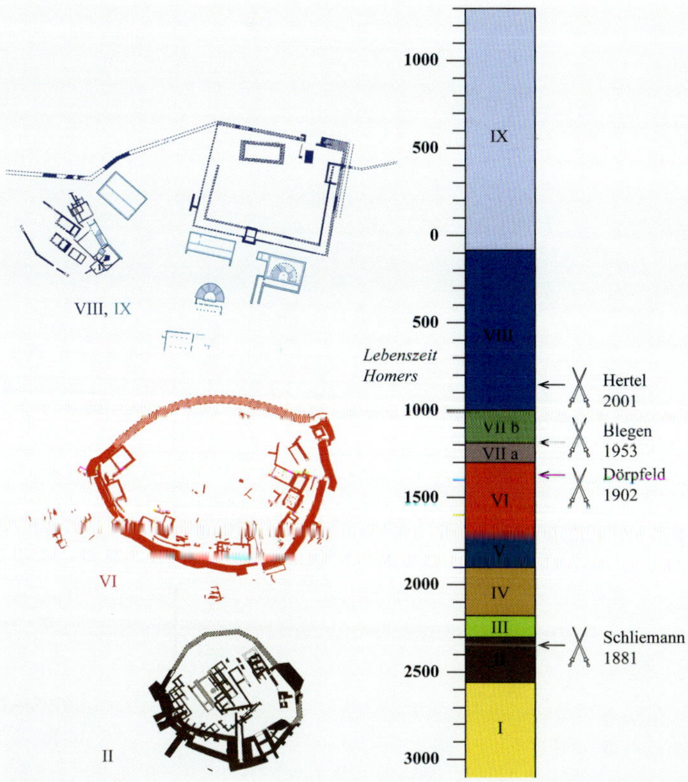

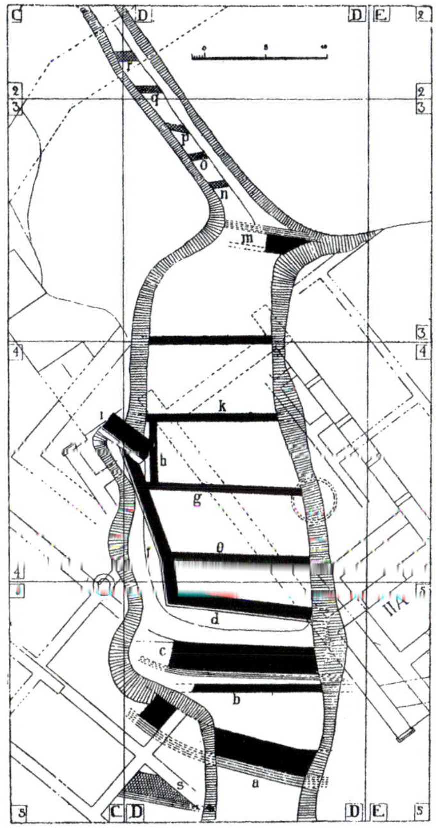

Abb. 27: Die Siedlungsschichten von Troja mit den von einzelnen Forschern befürworteten Daten für den „Kampf um Troja“ und den Grundrissen der frühbronzezeitlichen (II), der spätbronzezeitlichen (VI-VII) und der griechisch-römischen (VIII-IX) Stadt.

Abb. 28: Mauerreste der I. Ansiedlung in Schliemanns „großem Graben“.

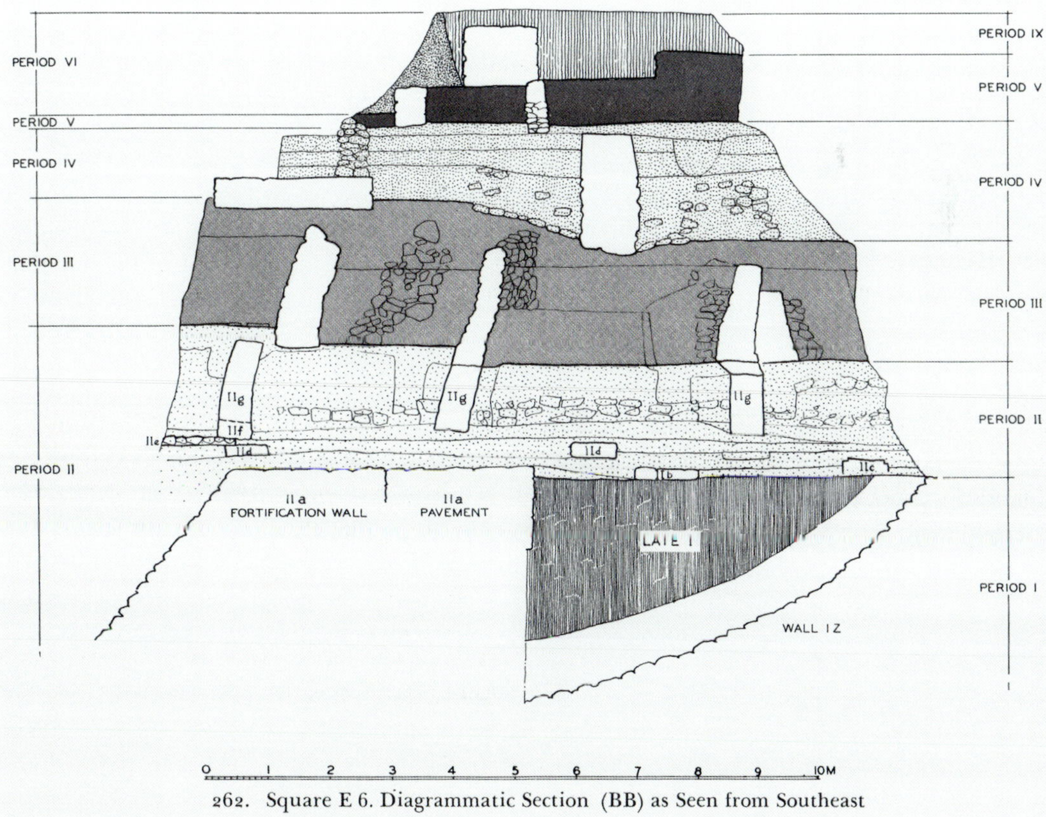

Abb. 29: Profilplan der Blegen-Grabung im Bereich der von Schliemann unberührten Schichten innerhalb der Zitadelle.

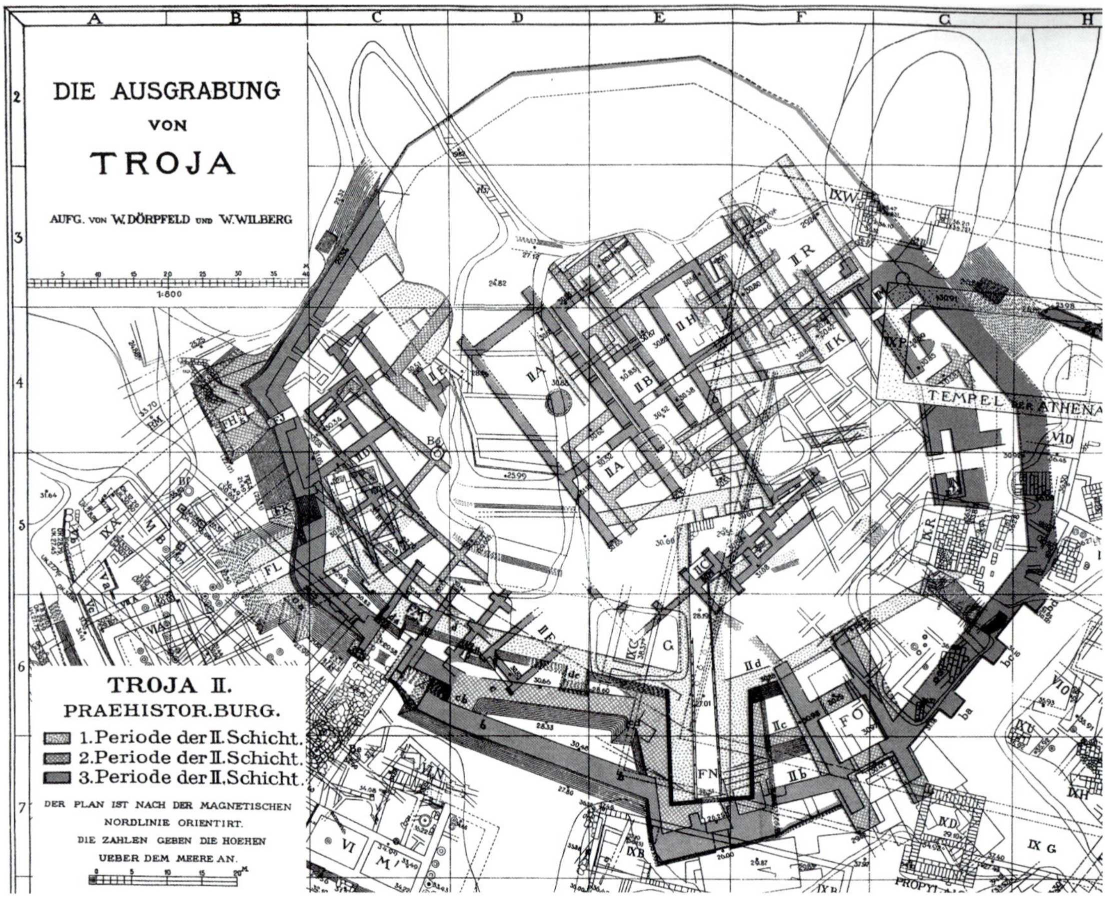

Abb. 30: Plan der Befestigung mit der hervorgehobenen Bebauung von Troja II.

funde, darunter auch der berühmte „Schatz des Priamos".

Da die Gefäßformen eine Weiterentwicklung derjenigen aus Troja I darstellen und sich auch die Architekturformen kaum verändert haben, ist anzunehmen, dass die Bewohner der Troja II-Zeit die Nachkommen der frühen Siedler waren. Zwar nimmt der Anteil an Kupfergeräten allmählich zu, und die Tongefäße werden nicht mehr nur per Hand geformt, sondern auch auf der Töpferscheibe gedreht, aber sowohl viele Gefäßformen als auch die kleinen steinernen Idolfigürchen zeigen, dass die Bewohner von Troja II kulturell weiterhin in den ostägäischen Kulturkreis eingebunden waren.

Troja III–V, frühe bis mittlere Bronzezeit, ca. 2400 bis 1700 v. Chr.

Nach der Zerstörung der jüngsten Schicht von Troja II erfolgte ein Wiederaufbau, der von Schliemann in drei Abschnitte, die Ansiedlungen III bis V, unterteilt wurde. Nach heutigen Erkenntnissen umfasst das bis zu 6 m mächtige Schichtenpaket jedoch mindestens 13 Bauphasen. Unglücklicherweise lässt sich gerade über die zentralen Bereiche der Befestigung wenig sagen, da Schliemann durch seinen großen Nord-Süd-Graben auf der Suche nach der Stadt des Priamos die über Troja II liegenden Schichten nahezu undokumentiert abtragen ließ. Wohl aus diesem Grund gelang es ihm auch nicht, die Funde aus diesen früh- bis mittelbronzezeitlichen Schichten zeitlich zu gliedern, sodass es erst dem amerikanischen Archäologen Blegen anhand der Stratigraphie in der so genannten Insel, einem von Schliemann belassenen Schichtenpaket, möglich wurde, die Keramikentwicklung dieser Zeit einzelnen Stufen zuzuweisen und eine genauere zeitliche Einordnung der einzelnen Phasen zu erarbeiten (Abb. 30).

Während der mittleren Bronzezeit wurde das Siedlungsareal immer weiter ausgedehnt. Wie schon in der trojanischen Frühzeit waren auch die Siedlungen der Phasen III bis V jeweils von Befestigungsmauern umgeben. Die Bebauung im Inneren wurde dichter, und die eng nebeneinander stehenden rechteckigen Lehmziegelhäuser

Abb. 31: Mauerreste der Schichten III bis V. Auf ein Steinfundament ist eine Lehmziegelmauer gesetzt, die ihrerseits als Unterlage für das Steinfundament einer Jüngeren Schicht dient. Zustand von 1894.

mit Steinfundamenten bestanden jeweils aus mehreren Räumen mit Höfen und Kuppelöfen. Sie wurden durch schmale Straßen in einzelne Quartiere getrennt.

Eine solche Anlage spricht bereits für eine zentral geplante Bebauung und damit für das Vorhandensein einer funktionierenden Verwaltung. Wegen der undokumentierten Abgrabungen im Bereich des Schliemannschen Nord-Süd-Grabens lässt sich jedoch heute nicht mehr feststellen, ob sich im Zentrum der Befestigung palastähnliche Gebäude befanden. Stark verkohlte Schichten zeigen, dass es in dem eng bebauten Siedlungsareal immer wieder zu Bränden gekommen sein muss, die zu Wiederaufbauten, teils unter Verwendung der noch vorhandenen Mauern, führten (Abb. 31).

Troja VI, mittlere bis späte Bronzezeit, ca. 1700 bis 1300 v. Chr.

Die als Troja VI bezeichnete Ansiedlung umfasste mindestens acht Bauphasen. In dieser Zeit wuchs die Anlage allmählich zu einer mächtigen Zitadelle und wurde mit einer Befestigungsmauer von 550 m Länge und mindestens 13 m Höhe umgeben (Abb. 32). Diese Mauer bestand aus einem bis zu 6 m breiten, geböschten Steinsockel (Abb. 33), auf dem sich ein Aufbau aus Lehmziegeln befand, der durch einen Wehrgang und eine mit Zinnen gekrönte Brustwehr abgeschlossen wurde. Die Tore besaßen durch Mauern flankierte, optimal zu verteidigende Zugänge. Türme aus sorgfältig bearbeiteten Kalksteinblöcken sicherten die Eingänge zusätzlich.

Die Häuser im Burginneren wurden auf drei ringförmigen Terrassen errichtet, die durch Planierung der älteren Schichten geschaffen worden waren. Durch große Toranlagen führten gepflasterte Straßen bis zum Zentrum der Anlage. Über die Bebauung dieses zentralen Bereichs wissen wir wenig, da man die dortigen Gebäude anlässlich der Umgestaltung im 4. und 3. Jahrhundert v. Chr. abtrug und den Untergrund für die Errichtung der großen Tempelanlagen planierte. Aus diesem Grund ist auch die Fundmenge an Keramik und Geräten wesentlich geringer als diejenige aus den älteren Schichten.

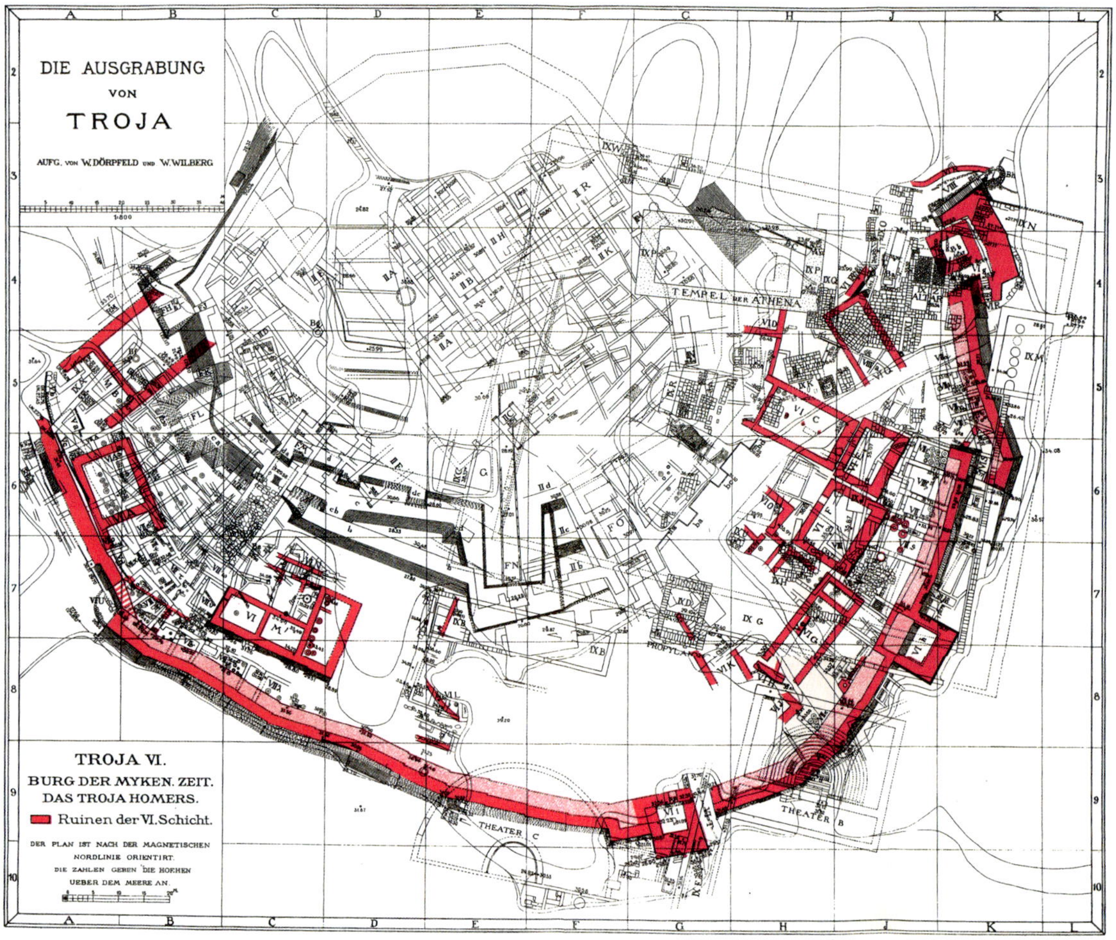

Abb. 32: Plan der Befestigung mit der hervorgehobenen Bebauung von Troja VI.

Die Lehmziegelhäuser von Troja VI waren zumeist sehr groß und mehrräumig. In einigen Fällen konnte das Vorhandensein oberer Stockwerke nachgewiesen werden, die von Pfeilern gestützt wurden. Auch außerhalb der Burgmauern standen Häuser, doch war im Bereich dieser Unterstadt die Bebauung offenbar wesentlich lockerer. Ob auch die Unterstadt von einer Befestigungsmauer umgeben war, ist bislang noch umstritten. Am Rande des Siedlungsareals wurde bereits von Dörpfeld ein kleines Urnengräberfeld entdeckt, später sind noch weitere Nekropolen im näheren Umland gefunden worden.

Insgesamt ergibt sich das Bild einer frühen städtischen Zivilisation mit einer im Bereich der Zitadelle lebenden Führungsschicht und einer Bevölkerung, die sich in sozial unterschiedliche Gesellschaftsschichten gliederte. Überreste von Werkzeugen und Abfallprodukte von Fertigungsprozessen zeigen, dass in Troja Metall-, Textil- und Keramikverarbeitung einen wichtigen Platz einnahmen. Auffällig ist auch im Verhältnis zu den älteren Schichten die große Zahl von Pferdeknochen; offenbar wurden im Umkreis der Stadt Pferde- und Viehherden gehalten.

Die Tongefäße sind zumeist von guter Qualität. Bemerkenswert sind vor allem grau-metallisch aussehende, sehr hart gebrannte und auf der Drehscheibe hergestellte Gefäße, wie sie Schliemann zuerst bei seiner Grabung im griechischen Orchomenos entdeckt hatte und nach dem dortigen sagenhaften König Minyas als minysche Keramik bezeichnete. In der späten Troja VI-Zeit kommt als Luxusware mit etwa 1–2% des Gesamtanteils an Tongefäßen so genannte mykenische Keramik hinzu, die für die spätbronzezeitlichen Zentren des südlichen Griechenlands charakteristisch ist. Nur ein Teil dieser mykenischen Gefäße wurde jedoch tatsächlich von der Peloponnes nach Troja exportiert. Wie eine Analyse der mineralischen Zusammensetzung des verwendeten Tons ergeben hat, stammt das Rohmaterial von einigen der in Troja gefundenen Gefäße aus der Umgebung des Ortes selbst. Entweder haben also einheimische Töpfer die beliebten mykenischen Gefäße nach griechischen Vorbil-

Abb. 33: Östliche Burgmauer der Schicht VI. Zustand von 1894.

dern imitiert oder aber es haben sich in dieser Zeit mykenische Handwerker in der Troas niedergelassen. Beides würde für sehr enge Kontakte sprechen.

In den letzten Jahrzehnten beschäftigte sich die Troja-Forschung intensiv damit, Nachweise für Verbindungen zwischen dem bronzezeitlichen Troja und dem hethitischen Großreich und darüber hinaus mit Mesopotamien, Ägypten, Zentralasien, dem Balkanraum und sogar dem Baltikum zu finden. Manfred Korfmann bezeichnete Troja sogar als eine „Drehscheibe des Handels". Anhand des bislang ergrabenen Materials ist jedoch diese zentrale Bedeutung für das bronzezeitliche Troja nicht nachzuweisen, denn trotz der ansehnlichen Fundmenge, die inzwischen vorliegt, gibt es dort im Verhältnis zu anderen ostmediterranen Zentren nur wenige importierte Güter, welche auf weit reichende Handelsbeziehungen hindeuten könnten.

Ob Troja eine „wichtige Residenz- und Handelsstadt" und „Teil des politischen Systems des Ostmittelmeerraumes" war, wie es Korfmann beispielsweise in dem Katalogband „Traum und Wirklichkeit" (S. 348 u. 355) ausführt, ist anhand des Fundbildes bislang nicht nachzuvollziehen. Auch die von ihm und dem Altphilologen Joachim Latacz vertretene Ansicht, Troja VI sei identisch mit der in hethitischen Quellen genannte Vasallenstadt Wilusa, ist umstritten. Vor dem Hintergrund der derzeitigen Funde und Ausgrabungsergebnisse lässt sich lediglich feststellen, dass dieser mit einer mächtigen Mauer befestigte Platz während der späten Bronzezeit eine zentrale Funktion innerhalb der Troas besessen hat und – begünstigt durch seine meeresnahe Lage – auch mit den benachbarten ägäischen und westkleinasiatischen Zentren in Verbindung stand.

Wie schon für die älteren Siedlungsphasen sind auch für Troja VI Brandkatastrophen zu verzeichnen. Besonders die Bebauung der letzten Phase wurde durch ein verheerendes Feuer völlig zerstört, was Schliemanns Mitarbeiter Dörpfeld seinerzeit zu dem Schluss kommen ließ, dieses Ereignis sei mit dem von Homer geschilderten Untergang Trojas in Verbindung zu bringen. Sein

Nachfolger Blegen konnte jedoch anhand der Sturzlage der Mauern nachweisen, dass diese Zerstörung wohl auf ein Erdbeben zurückzuführen ist. Erdbeben sind bekanntlich bis heute für die Vernichtung vieler Orte im südöstlichen Europa und in Anatolien verantwortlich, und gerade die Dardanellenregion gilt als hochgradig erdbebengefährdet. Solche Zerstörungen, zumeist verbunden mit einem Abbrennen der mit Schilf gedeckten Häuser, konnten bei vielen anderen prähistorischen Siedlungen in Griechenland und Anatolien nachgewiesen werden und dürften auch in Troja die Ursache für den Untergang einiger der vielen Siedlungsphasen gewesen sein.

Troja VII, Spätbronze- und beginnende Eisenzeit, ca. 1300 bis 1100 v. Chr.

Nach der Erdbebenkatastrophe wurde der Ort unter Verwendung des noch erhaltenen Mauerwerks wieder aufgebaut. Da sich auch bei den Dingen des täglichen Gebrauchs, vor allem bei der Keramik, wenig Änderungen zu den Funden aus der vorangehenden Schicht VI h abzeichnen, ist es wahrscheinlich, dass die Bewohner dieser Schicht VII a die Überlebenden und Nachkommen der Vorsiedler waren. Es fällt jedoch auf, dass viele Häuser kleiner als die Vorgängerbauten waren und sich auch die Vorratswirtschaft änderte. Der Anteil an riesigen Speichergefäßen, so genannten Pithoi, die in die Böden der Häuser eingelassen wurden, ist nun besonders hoch (Abb. 34).

Auch die Bebauung der Schicht VII a wurde um 1200 v. Chr. durch einen Brand zerstört. Skelettfragmente unbestatteter Toter sowie Funde von Bronzepfeilspitzen und steinernen Schleuderkugeln sprechen dafür, dass diese Siedlung durch kriegerische Ereignisse ihr Ende fand. Mit der nun folgenden Schicht VII b begann dann ein neuer Abschnitt. Die Siedlung VII b1 wird durch Zuwanderer aus Südosteuropa geprägt. Der Anteil an feiner Drehscheibenkeramik ist geringer, stattdessen verwendeten die Bewohner grobe und schlecht gebrannte, mit Riefen, Buckeln und Fingereindrücken verzierte Gefäße. Eine solche Keramik ist aus dem Balkanraum gut bekannt. Die besten Vergleichsfunde zu solchen Gefäßen stammen von der bulgarischen Schwarzmeerküste.

Nicht nur die Troas, sondern sämtliche Zivilisationen des ostmediterranen Raums erlebten im 12. und 11. vorchristlichen Jahrhundert Unruhezeiten verbunden mit umfassenden Völkerbewegungen. Es ist die Epoche, in der auch die mykenische Kultur und das hethitische Großreich ihr

Abb. 35: ▶ Seeschlacht zwischen Invasoren aus dem Norden und Ägyptern zur Zeit Ramses III. (1193–1162 v. Chr.). Ausschnitt aus einem Relief vom großen Tempel in Medinet Habu, Ägypten.

Abb. 34: Vorratsgefäße (Pithoi) im Grabungsprofil von Troja. Darüber sind die von Schliemann errichteten Wohn- und Magazingebäude zu erkennen. Stich um 1880.

Abb. 36: ▶ Detail der Zitadellenbebauung der Schicht VII mit kleinen Lehmziegelhäusern, die direkt an die alte Stadtmauer angebaut worden sind. Ausschnitt eines Planes der Dörpfeld-Grabung von 1894.

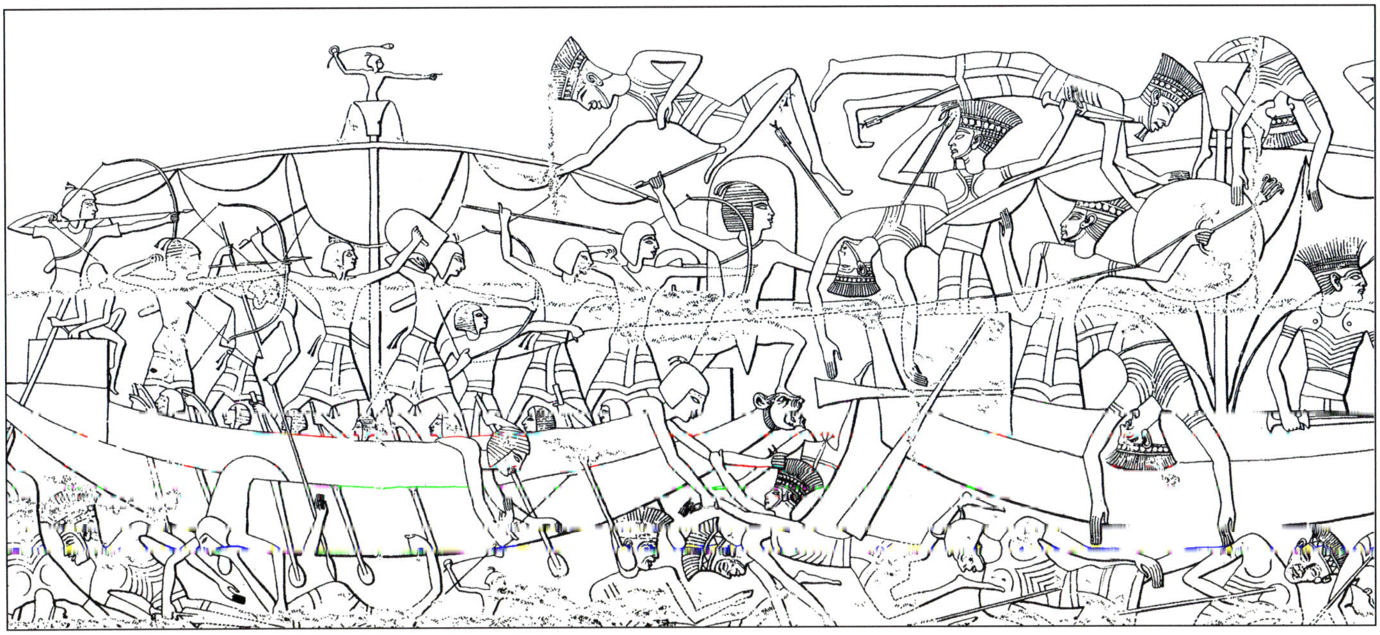

Ende finden und in der fremde Völkerscharen bis nach Ägypten vordringen, wo sie schließlich in mehreren Schlachten erfolgreich geschlagen werden (Abb. 35). Gleichzeitig handelt es sich um den Übergang von der Bronze- zur Eisenzeit, denn von nun an wird Eisen zur Herstellung von Waffen und Geräten immer stärker genutzt.

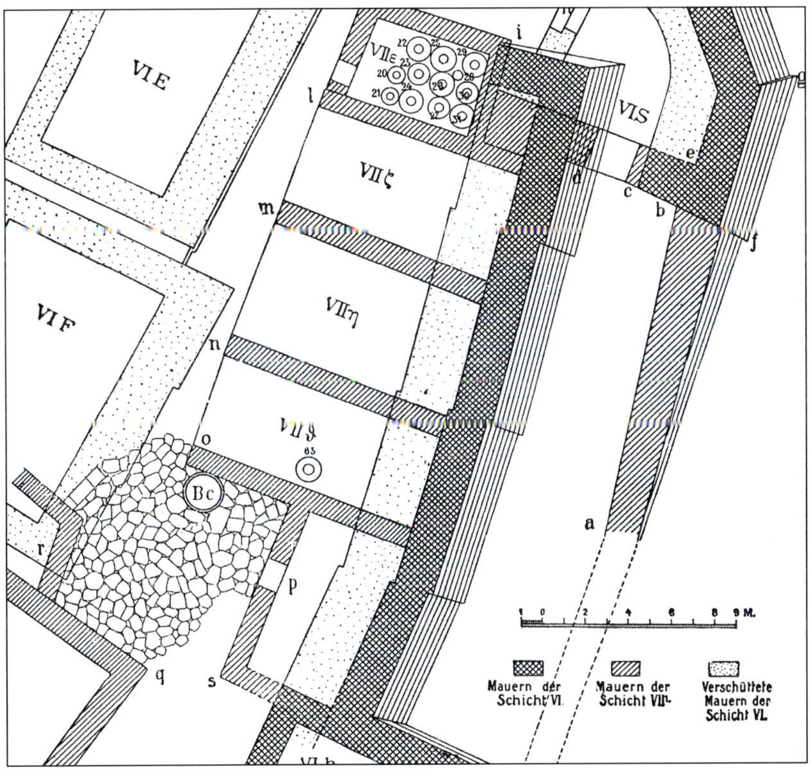

Diese Unruhezeit ist, wie die Befunde der VII. Ansiedlung zeigen, auch an Troja nicht spurlos vorübergegangen. Sowohl die Siedlungen VII b1 als auch VII b2 endeten durch Brandkatastrophen. Die mächtigen Mauern von Troja VI wurden danach notdürftig wieder funktionstüchtig gemacht. Die Bewohner haben sich offenbar in das Innere der Befestigung zurückgezogen, wie sich anhand der vielen Neubauten kleinerer Gebäude innerhalb der Zitadelle erkennen lässt (Abb. 36).

In dieser Zeit büßte Troja ebenso wie viele weitere Orte in der Ägäis seine Zentrumsfunktion ein. Leider sind durch die massiven Terrassierungen und Planierungen der jüngeren Tempelanlagen die Schichten dieser Epoche im Inneren der Zitadelle nur in den Randbereichen erhalten, sodass unklar bleibt, ob es im Zentrum noch herausragende Gebäude gab, die auf eine Führungsschicht hindeuten könnten. Die hüttenähnlichen Neubauten, die sich an die Befestigungswälle anlehnten, sind aber ein Hinweis darauf, dass die Siedlung längst nicht mehr die Bedeutung besaß, die sie während der Bronzezeit innehatte, auch wenn die noch existierenden Befestigungsmauern weiterhin einen imposanten Eindruck boten.

Troja VIII, Geometrische bis klassische Zeit, ca. 1100 bis 334 v. Chr.

In die Epochen, die mit Schicht VIII erfasst werden, fällt die Lebenszeit des Dichters Homer.

Die Terrassierungen der späteren hellenistischen und römischen Zeit, die zur Abtragung großer Teile der Zitadelle führten, erschweren die Beurteilung des Siedlungsbilds dieser Jahrhunderte. Soweit es sich rekonstruieren lässt, war Troja zu Beginn der Eisenzeit nur spärlich bewohnt. Einige Gelehrte nehmen sogar an, der Ort sei vorübergehend völlig verlassen worden. Spätestens seit dem 9. Jahrhundert v. Chr. ließen sich aber verstärkt äolische Griechen an der Westküste Kleinasiens nieder. Sie siedelten sich auch in Troja an und errichteten dort ein Heiligtum für die Göttin Athena (Abb. 37). Anhand der Schichtenfolge lässt sich feststellen, dass damals immer noch die gewaltige bronzezeitliche Mauer als weithin sichtbares Zeichen vergangener Größe existiert haben muss. Ihr Anblick könnte für Homer der Anlass gewesen sein, die mythischen Erzählungen, die er um 750 v. Chr. durch sein Epos Ilias zur „Weltliteratur" machte, mit diesem Ort in Verbindung zu bringen. Der Name „Ilion", unter dem die Stadt in der Folgezeit bekannt war und der auch schon bei Homer erwähnt wird, dürfte ebenfalls auf die eingewanderten äolischen Griechen zurückzuführen sein.

In den folgenden Jahrhunderten gelangte der Ort mal unter persischen, mal unter griechischen Einfluss. Aber obwohl Ilion seit 387 wieder zum persischen Reich gehörte, blieb offenbar der Kult der Athena-Ilion weiter bestehen. Trotz des Athena-Heiligtums, das Pilger von weit her anzog, und trotz einer um 400 v. Chr. erfolgten Ausbesserung der alten Ringmauer erlangte der Ort jedoch nicht mehr seine einstige Bedeutung zurück. Ackerbau, Viehzucht und ein regional orientierter Handel bildeten die Lebensgrundlage der damaligen Bewohner.

Troja IX, Hellenistische bis byzantinische Zeit, 334 bis ca. 1300 n. Chr.

Mit den Eroberungen Alexanders des Großen und seinem Aufenthalt im Jahr 334 in Ilion begann für Troja ein neuer Aufschwung, den die Stadt ihrer mythischen Vergangenheit zu verdanken hat. Besonders unter den Nachfolgern Alexanders wurde der Ort zu einer griechischen Stadt ausgebaut und auch die Unterstadt mit einer mächtigen, 3,5 km langen Umfassungsmauer versehen. Der ehemalige Bereich der Zitadelle wurde

Abb. 37: Quaderfundament der östlichen Säulenhalle des Athena-Heiligtums. Zustand von 1894.

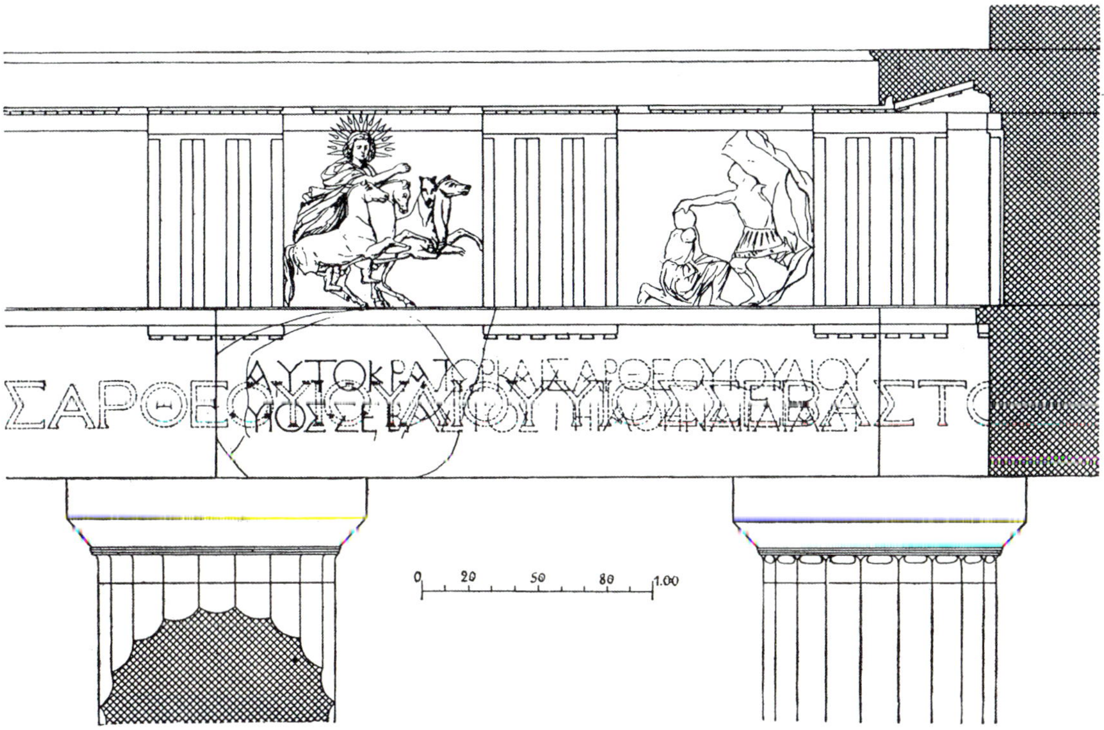

Abb. 38: Architrav des Athena-Tempels mit Weiheinschriften und der berühmten Helios-Metope. Nach einer Zeichnung von W. Dörpfeld.

dagegen planiert und fast vollständig von dem großen Athena-Heiligtum beherrscht (Abb. 38).

Seit dem Jahre 133 v. Chr. gehörte Ilion als Teil der Provinz Asia zum Römischen Reich. Eine 85 v. Chr. in den Wirren des römischen Bürgerkriegs erfolgte Zerstörung der Stadt durch den General Fimbria, die Dörpfeld ursprünglich zum Anlass nahm, hier die Grenze zwischen den Siedlungsphasen Troja VIII und IX zu definieren, war wohl weniger gravierend als ursprünglich angenommen. Eine wesentliche kulturelle Zäsur erfolgte bereits durch die Eroberungen der Alexanderzeit und der folgenden Eingliederung der Stadt in die griechisch-römische Welt.

Ein umfassender Wiederaufbau und eine weitere Vergrößerung der Stadt fand unter Augustus statt, der, wie viele Kaiser nach ihm, durch Schenkungen die Bedeutung Trojas als dem mythischen Herkunftsort der Gründungsväter Roms hervorheben wollte. Die einstige Zitadelle wurde auch in römischer Zeit weitgehend von den Anlagen des Athena-Tempels und weiteren repräsentativen Bauten, darunter einem Amphitheater, beherrscht, während die südlich davor gelegene Unterstadt eine schachbrettartige Bebauung mit Wohnquartieren und Straßenzügen aufwies.

Erst mit Einführung des Christentums als Staatsreligion unter Kaiser Theodosius I. im Jahr 391 n. Chr. verlor die Stadt ihre Bedeutung, denn die Berühmtheit des Ortes war ja sehr stark durch das heidnisch-mythische Weltbild geprägt worden. Mehrfache Erdbebenzerstörungen im 6. Jahrhundert und anschließender Raubbau zur Steingewinnung in dem Ruinenfeld ließen den Ort weiter veröden. Spuren einer sporadischen Besiedlung sind noch bis in das 13./14. Jahrhundert nachzuweisen, danach geriet der Platz ganz in Vergessenheit, bis 1801 der Forschungsreisende E. D. Clarke aufgrund von Münzfunden mit der Bezeichnung „Iliéon“ als erster Hinweise darauf fand, dass die sagenhafte Stadt Homers bei dem türkischen Dorf Hısarlik gelegen haben könnte.

Gab es tatsächlich das homerische Troja?

Mit der im 18. Jahrhundert erfolgten Rückbesinnung auf die Kunstwerke der Antike, die ihren Widerhall in vielen dichterischen Nachschöpfungen, Gemälden und Skulpturen fand, begann auch die Diskussion darüber, wie hoch der Wahrheitsgehalt der Troja-Sage eigentlich sei. Wegen verschiedener widersprüchlicher Angaben in den einzelnen Textpassagen kam man zu dem Schluss, dass die homerischen Verse auf verschiedenen älteren Quellen basiert haben müssen, es sich also nicht um ein von dem Dichter völlig neu geschaffenes Epos handeln konnte. Seit dieser Zeit hat die Diskussion darüber, ob die Erzählungen Homers auf einem historischen Kern beruhen und falls ja, ob der Kampf um Troja tatsächlich mit der heutigen Grabungsstätte Troja/Hısarlik örtlich übereinstimmt, immer noch kein Ende gefunden.

Abb. 39: Mykenischer Eberzahnhelm. Rekonstruktion unter Verwendung originaler Zahnlamellen im Museum von Lamia, Griechenland.

Wenden wir uns der ersten Frage zu: Das Hauptargument der Befürworter eines historischen Kerns der homerischen Überlieferungen besteht darin, dass die Geschehnisse in der Ägäis während der späten Bronzezeit, also im 13. und 12. Jahrhundert v. Chr., in vielen Punkten mit der von Homer geschilderten Situation übereinstimmen. Das Machtvakuum, das durch den Niedergang des hethitischen Reiches am Rande seiner Einflusszonen, damit also auch an der kleinasiatischen Küste, entstand, könnte dazu geführt haben, dass eine Konföderation von aus Griechenland stammenden Achäern den nördlichen Teil der anatolischen Westküste überfiel. Diese Ereignisse mögen dann in die Legende eingegangen und als Erzählungen oder in Form von Gesängen bis in das 8. Jahrhundert, die Zeit Homers, überliefert worden sein. Homer oder, wie manche Forscher annehmen, eine „Dichtergruppe um Homer“ hätte dann diese Sagenstoffe in literarische Form gebracht.

Die Gegner eines historischen Kerns der Ilias argumentieren hingegen, dass die sehr detaillierten Schilderungen von Lebensumständen des heroischen Zeitalters, wie sie bei Homer nachzulesen sind, unmöglich über ein halbes Jahrtausend in mündlicher Überlieferung weitergegeben worden sein können. Sie halten deshalb die gesamte Erzählung für eine Erfindung, denn inzwischen hat sich durch zahlreiche Ausgrabungen in südosteuropäischen und türkischen antiken Stätten gezeigt, dass nur wenige Beschreibungen in den homerischen Epen tatsächlich den sozialen und kulturellen Hintergrund der spätbronzezeitlichen Gesellschaft wiedergeben. Die meisten Details entsprechen eher den politischen Verhältnissen, wie sie zu Lebzeiten Homers existierten. Darauf verweist auch der berühmte „Schiffskatalog“ in der Ilias, in dem die Verbündeten der Griechen aufgezählt werden, enthält er doch Völkernamen, die eindeutig nachbronzezeitlich sind. Auch die Schilderung, dass die Helden der Ilias und der Odyssee aus kleinen Stadtstaaten stammen, sich zu einem panhellenischen Bund zusammenschließen und Neuland erobern, entspricht eher der Situation, wie sie zur Zeit der griechischen Koloniegründung, also zu Lebzeiten Homers, vorherrschte. Andererseits lässt sich aber nicht leugnen, dass Homer tatsächlich Dinge beschreibt, die zu seinen Lebzeiten nicht mehr existiert haben, etwa die Bewehrung mykenischer Krieger durch Helme aus lamellenartig zusammengefügten Eberzähnen (Abb. 39).

Manche Forscher halten diese wenigen bronzezeitlichen Bezüge gegenüber den eindeutig auf früheisenzeitliche Verhältnisse Bezug nehmenden Details für so gering, dass sie die Vorlagen für Homers Erzählungen auf wesentlich jüngere historische Ereignisse zurückführen, nämlich die Zeit nach Zerstörung der Schicht Troja VII b, also den Beginn des 1. vorchristlichen Jahrtausends. Die von Homer besungenen griechischen Belagerer von Troja wären damit nicht die Mykener, sondern die äolischen Einwanderer gewesen, die in der Troja VIII-Zeit offenbar den größten Bevölkerungsanteil auf dem Tell von Hısarlik ausmachten. Träfe dies zu, hätte Homer nicht auf 500 Jahre alte, sondern auf relativ zeitnahe Erzählungen zurückgegriffen und diese in einen kulturhistorischen Zusammenhang gebracht, wie er zu seinen Lebzeiten oder unmittelbar davor existierte. Die durchaus vorhandenen archaischen Elemente in seinem Werk wären dann bewusste Versuche des Dichters, die Ereignisse in eine graue Vorzeit zurückzuverlegen.

Der Grund dafür ist nahe liegend und hat im Lauf der Menschheitsgeschichte immer wieder in ähnlicher Form stattgefunden. Durch eine Heroisierung der eigenen Vorfahren – in diesem Fall der ersten griechischen Einwanderer, also sozusagen der Großvatergeneration Homers und seiner

Abb. 40: Wie gigantisch und stabil die bronzezeitliche Mauer von Troja sogar mehr als zwei Jahrtausende nach Homers Lebenszeit war, demonstriert diese Aufnahme von Wilhelm Dörpfeld und seiner Grabungsmannschaft.

Zeitgenossen – sollte die eigene Bedeutung in ein besseres Licht gesetzt werden. Nun waren es nicht mehr versprengte Flüchtlinge vom griechischen Festland, die sich allmählich in der weitgehend verödeten Troas angesiedelt hatten, sondern Helden, die in einem Kriegszug die mächtige Stadt mit Feuer und Schwert eroberten und sich dort zu Herren machten.

Sollte diese Theorie zutreffen, ist wohl davon auszugehen, dass Homer und durch ihn auch seine Zeitgenossen die von ihm geschilderten Ereignisse mit der Siedlung bei dem späteren Dorf Hısarlik verbanden. Es dürfte zu Homers Lebzeiten an der kleinasiatischen Küste nicht viele Orte gegeben haben, die noch von einer so mächtigen uralten Befestigungsanlage umgeben waren wie Troja-Ilion (Abb. 40). Die damaligen Bewohner von Ilion dürften die Sage dankbar als Gründungsmythos aufgegriffen haben, der dann bis in römische Zeit mit diesem Ort verbunden blieb.

Es wurde immer wieder darauf aufmerksam gemacht, dass der Troja-Mythos aus den verschiedensten Versatzstücken zusammengefügt worden ist und die verwendeten Elemente, die den Kern der Sage bilden, auch in vielen anderen volkstümlichen Erzählungen eine Rolle spielen. Mesopotamische und zyprische Quellen wurden als mögliche Vorbilder angeführt. Erzählelemente wie Frauenraub, Rettungsunternehmen, daraus erfolgende Streitigkeiten und Eifersüchteleien, Einmischung der Götter, Zweikämpfe der Helden oder Eroberungen durch List lassen sich in den unterschiedlichsten Sagenkreisen ganz verschiedener Völker und Kulturen wiederfinden. Homer oder die „Dichtergruppe Homer" hat sie freilich zu einem faszinierenden und einmaligen Mythos verwoben. In wieweit sich darin aber tatsächliche historische Ereignisse spiegeln und ob diese gar mit der sicher nicht unbedeutenden befestigten Ansiedlung an den Dardanellen, die seit den Zeiten Homers als Troja-Ilion Besucherströme anzieht, in Verbindung zu bringen sind, dürfte weiterhin Anlass zu heftigen Diskussionen bieten. Der trojanische Krieg scheint noch nicht beendet.

Heinrich Schliemanns „Sammlung Trojanischer Alterthümer“: Schicksal und Verbleib

Als Schliemann 1869 beschloss, den Hügel bei dem Dorf Hısarlik auf der Suche nach dem antiken Troja auszugraben, musste er erst einen Antrag bei der Hohen Pforte in Konstantinopel stellen, um die offizielle Erlaubnis dafür zu erhalten. Weil aber im April 1870 die Lizenz noch nicht vorlag, führte er gegen den Rat des mit den orientalischen Befindlichkeiten wohlvertrauten Konsuls Frank Calvert und nach Einigung mit den Grundstücksbesitzern ohne offizielle Genehmigung des osmanischen Reiches erste Sondierungen durch. Erst im Herbst 1871 erhielt er schließlich die amtliche Erlaubnis, den „Ferman“ (Abb. 41). Die türkische Regierung stellte ihm einen Inspektor zur Seite, der den Verlauf der Arbeiten kontrollieren und darauf achten sollte, dass, wie vertraglich abgemacht, die Hälfte aller Funde dem osmanischen Reich zufiel.

Abb. 41: Ein Ferman, wie ihn Schliemann immer wieder bei der osmanischen Regierung beantragen musste. Gesiegelt von Muhammad Kamil ibn Sahlih unter der Herrschaft des Sultans Abd al Hamid II.

Als Schliemann – vermutlich am 31. Mai 1873, der genaue Termin ist wegen seiner widersprüchlichen Angaben umstritten – den Schatz des Priamos barg, tat er dies bewusst während einer Arbeitspause und ohne Einbeziehung des Inspektors Amin Effendi. Anschließend ließ er die Funde in Körben versteckt auf die Farm der Calverts und von dort heimlich nach Athen bringen. An die Öffentlichkeit gelangte das Ereignis am 5. August durch die „Augsburger Allgemeine Zeitung“, die als erste einen sensationellen Bericht über den „Priamos-Schatz“ veröffentlichte. Die „Hohe Pforte“ reagierte umgehend und strengte ein Gerichtsverfahren gegen Schliemann an, in dem verlangt wurde, dass dem Osmanischen Reich der vertraglich zugesicherte Fundanteil an dem Schatz ausgeliefert werde. Der daraufhin am 15. April 1875 in Athen stattfindende Prozess endete mit einem Vergleich. Schliemann konnte den Schatz zwar vollständig behalten, musste aber dafür der türkischen Regierung 10.000 Goldfrancs als Entschädigung zahlen. Im Jahr 1870 hatte ein Goldfranken einen Wert von etwa 50 € – die Entschädigungssumme entsprach also nach heutigem Wert einer halben Million Euro! Trotz dieser hohen Summe überwies der sonst eher als geizig bekannte Schliemann sogar noch einen wesentlich höheren Betrag von insgesamt 30.000 Goldfrancs, weil ihm sehr am guten Einvernehmen mit der Türkei gelegen war, wollte er doch seine Grabungen in den Folgejahren weiterführen. Der türkische Gesandte Photiades-Bey quittierte am 13. April 1875 die Summe und fügte hinzu:

> *„Der notwendige staatliche Akt wird baldigst verfasst. Hierdurch wird der gegen Herrn Schliemann erhobene Prozess des Erziehungsministeriums der Kaiserlichen Regierung der Türkei als Beschützer und Vertreter des Kaiserlichen Museums von Konstantinopel wegen Beanspruchung der in Hısarlik ausgegrabenen Altertümer, sowie die Beschlagnahmung seines hiesigen Besitzes an Immobilien und an Bankaktien rückgängig gemacht.“*

det, wie er noch 1878 einem Berliner Kaufmann schrieb. Dies änderte sich erst durch die Bekanntschaft mit Rudolf Virchow, der an der Grabungskampagne von 1879 in Troja teilnahm. Bereits 1877 hatte Virchow dafür gesorgt, dass Schliemann Ehrenmitglied der Deutschen Gesellschaft für Anthropologie, Ethnologie und Urgeschichte wurde. Nach der gemeinsamen Ausgrabung mit Virchow änderte Schliemann seine Einstellung und beschloss, seine in London ausgestellte Sammlung

> *„dem deutschen Volke zu ewigem Besitz und ungetrennter Aufbewahrung in der Reichshauptstadt“*

zu schenken. Im Januar 1881 trafen die ersten 40 Kisten mit dem Inhalt der Ausstellung des South Kensington-Museums in Berlin ein, später wurden sie noch durch die Funde aus den Kampagnen von 1878/79 ergänzt.

Abb. 42: Heinrich Schliemann. Gemälde von Sydney Hodges, der den Ausgräber anlässlich der Übergabe seiner Sammlung an das South Kensington Museum porträtierte.

Abb. 43: Schliemann bei der Aufstellung seiner trojanischen Sammlung im Martin-Gropius-Bau, dem damaligen Kunstgewerbemuseum.

Damit gingen die Trojafunde nach türkischem und auch nach internationalem Recht in Schliemanns Besitz über.

Bereits seit 1874 hatte Schliemann versucht, seine Trojasammlung sowie den Goldschatz zu veräußern oder zumindest repräsentativ zur Schau zu bringen. Ursprünglich plante er einen Museumsbau in Athen, dann bot er jedoch die Sammlung zuerst der französischen und später der russischen Regierung an. 1877 übergab Schliemann einen Großteil seiner Troja-Funde zu Ausstellungszwecken dem South Kensington-Museum in London, denn er genoss die hohe Wertschätzung, die man ihm in England entgegenbrachte (Abb. 42). Es gab aber auch Verhandlungen mit weiteren Museen in Neapel, St. Petersburg und den USA. In seinem autobiographischen Teil des Werkes Ilios schrieb Schliemann 1880, die Sammlung solle, falls er sie nicht schon zu Lebzeiten verschenke, nach seinem Tod

> *„dem Museum derjenigen Nation zufallen, die ich am meisten liebe und schätze.“*

Schliemanns Wertschätzung einer Nation orientierte sich in erster Linie daran, wie viel Anerkennung ihm von dem jeweiligen Staat entgegengebracht wurde. Von seinem eigenen Vaterland fühlte er sich verkannt und angefein-

Abb. 44: Der Schliemann-Saal im Museum für Völkerkunde mit der Vitrine, die den Schatz des Priamos enthielt.

Freilich knüpfte Schliemann eine Reihe von Bedingungen an seine Schenkung. In einem Schreiben vom 6. Februar 1881 bat er den Generaldirektor der Berliner Königlichen Museen, Richard Schöne, sich darum zu bemühen, dass er den Orden „Pour le Mérite“ verliehen bekomme und fügte hinzu:

> *„Sorgen Sie gütigst auch für andere Orden, so viele zu kriegen sind.“*

Von Virchow verlangte er, für ihn und seine Frau die Ehrenbürgerschaft von Berlin durchzusetzen. Wurde ihm der Orden „Pour le Mérite“ auch verwehrt, erhielt er doch andere Orden und schließlich auch die ersehnte Berliner Ehrenbürgerschaft.

Bezüglich der Unterbringung seiner Sammlung in Berlin bestand Schliemann auf einer Präsentation in mehreren Sälen des damals im Bau befindlichen Völkerkunde-Museums, zu dem die damalige „prähistorische Abteilung“, der Vorläufer des heutigen Museums für Vor- und Frühgeschichte, gehörte. Vorläufig erklärte er sich aber auch mit einer Aufstellung im benachbarten Kunstgewerbemuseum, dem heutigen Martin-Gropius-Bau, einverstanden, die er in Begleitung seiner Gattin persönlich einrichtete (Abb. 43). 1885 konnte dann die Sammlung in das Völkerkundemuseum umziehen, wo sie in der vorgeschichtlichen Abteilung in zwei Sälen Platz fand (Abb. 44).

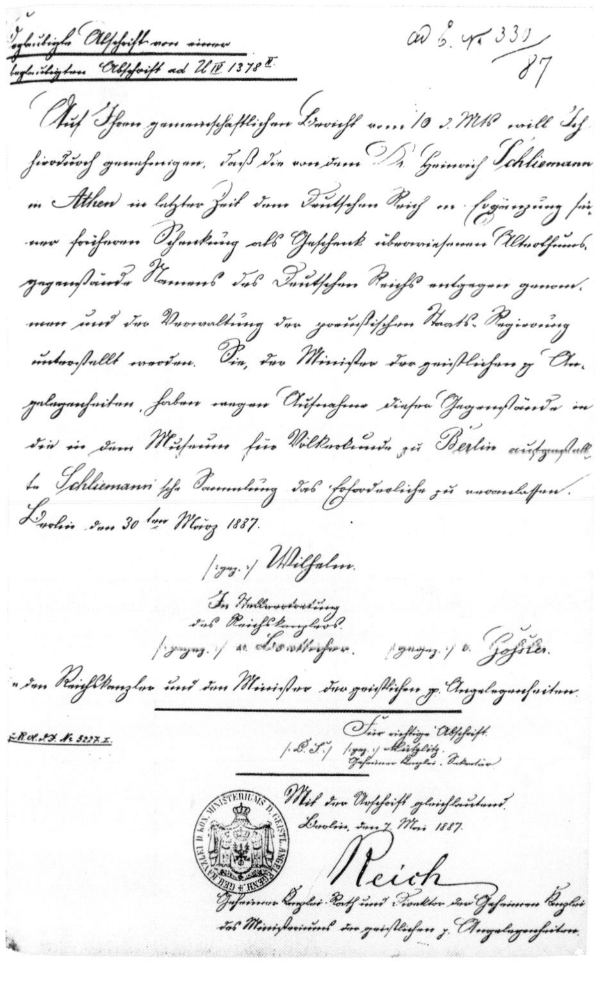

Berlin, den 30ten März 1887.

(gez.) Wilhelm

Reich

Abb. 45: Wortlaut der Urkunde über die Annahme der Schenkung der Schliemann-Sammlung durch Kaiser Wilhelm I.

Eine zweite Schenkung an Deutschland erfolgte im Jahr 1886. Durch einen Erlass des Kaisers wurde sie der preußischen Staatsregierung unterstellt (Abb. 45), worauf die Funde mit der schon vorhandenen Troja-Sammlung vereinigt werden konnten. Nach Schliemanns Tod im Jahre 1890 kamen in testamentarischer Verfügung auch die trojanischen Antiken aus seinem Athener Haus dazu. Ein letzter Zuwachs erfolgte 1893/94 durch Funde aus den Grabungen Dörpfelds, die dieser nach Schliemanns Tod in Troja weitergeführt hatte.

1902 ordnete der damals noch als „freiwilliger wissenschaftlicher Hilfsarbeiter“ am Berliner Völkerkundemuseum tätige Archäologe Hubert Schmidt die gesamten Troja-Bestände neu und sonderte 7.487 so genannte „Dubletten“, nämlich Gefäße und Geräte, die in ähnlicher Form mehrfach vorhanden waren, aus. Insgesamt 15 weitere Museen sowie Universitäten und Akademien in

Abb. 46: Das Museum für Vor- und Frühgeschichte im Martin-Gropius-Bau nach seiner Zerstörung 1945.

Deutschland erhielten diese „Dubletten“ zum Verbleib. Einige weitere „Dubletten“ wurden 1904 im Tausch gegen eine Sammlung von Keramikfragmenten aus den verschiedenen griechischen Epochen an das Athener Nationalmuseum abgegeben. Der von Schmidt erstellte Katalog der Berliner Sammlung umfasste danach aber immer noch 9704 Inventarnummern, die gesamte Schliemann-Sammlung – darunter vor allem Ankäufe ägyptischer Keramiken – nahm 11.886 Positionen ein.

1921 zog die Prähistorische Abteilung inklusive der Schliemann-Sammlung aus dem Völkerkundemuseum in den inzwischen vom Kunstgewerbemuseum freigegebenen Martin-Gropius-Bau um. Seit 1931 fungierte sie als eigenständiges „Staatliches Museum für Vor- und Frühgeschichte“. Nur drei Jahre später, 1934, gab es bereits die ersten Überlegungen bezüglich einer Auslagerung von Kunstgut im Kriegsfall, die dann 1939 in die Tat umgesetzt wurden. Alle Edelmetallfunde der Schliemann-Sammlung wurden zusammen mit anderen als unersetzlich geltenden Exponaten des Museums in drei Kisten verpackt und während der Luftangriffe auf Berlin im Zoobunker deponiert. Die übrigen Funde verblieben teils im Gropius-Bau, teils gelangten sie an diverse Verlagerungsorte. Am 2. Februar 1945 brannte der Martin-Gropius-Bau nach einer Bombardierung vollständig aus (Abb. 46). Alle noch nicht ausgelagerten Exponate wurden schwer beschädigt oder vollständig zerstört – für das Museum ein unersetzlicher Verlust!

Bei Kriegsende beschlagnahmten Kunstoffiziere der Roten Armee zusammen mit weiteren Kunstgütern die drei Goldkisten aus dem Zoobunker sowie auch alle übrigen Museumsbestände, die während des Krieges an deutsche Verlagerungsorte innerhalb des späteren sowjetischen Sektors gelangt waren. Hierzu gehörten auch umfangreiche Bestände der Schliemann-Sammlung. Die Antiken in den Auslagerungsorten Westdeutschlands wurden dagegen an das Museum für Vor- und Frühgeschichte zurückgegeben, sodass bereits 1955 eine erste bescheidene Ausstellung präsentiert werden konnte. 1958 erfolgte dann eine erste Rückgabeaktion eines Teils der russischen Kriegsbeute an die DDR-Regierung. Darunter befanden sich auch ca. 5000 Objekte der Schliemann-Sammlung, vor allem Keramiken, aber auch ein Silberschälchen aus dem Priamos-Schatz. Da man die Bestände nicht an Westberlin, den Standort des Museums für Vor-

und Frühgeschichte zurückgeben wollte, wurde schließlich 1963 in Ostberlin ein neues, nun „Museum für *Ur-* und Frühgeschichte“ benanntes Haus gegründet. Die beiden „Museumsschwestern“ in Ost und West, von denen jeweils ein Teil der noch erhaltenen Bestände des Vorkriegsmuseums verwaltet wurden, konnten erst nach der politischen Wende 1990 wiedervereinigt werden.

Eine zweite Rückgabeaktion von Museumsgut erfolgte 1977/78 an die damalige DDR. Es wurde bis zur Wende weitgehend unregistriert in einem Depot des Leipziger Grassi-Museums verborgen. Auch unter diesen Beständen befanden sich Silbergefäße aus den trojanischen Schatzfunden. Ihre Untersuchung in Berlin sollte später zu sensationellen Ergebnissen führen.

Bedeutende Bestände der Schliemann-Sammlung, darunter die meisten Objekte aus den Schatzfunden, galten jedoch weiterhin als verschollen. Erst nach der Wiedervereinigung Deutschlands und dem Ende der Sowjetunion wurde bekannt, dass die noch vermissten Exponate aus der russischen Kriegsbeute den Krieg überlebt hatten. Während sich die keramischen Funde weitgehend in der Eremitage von St. Petersburg befinden, waren die kostbarsten Exponate aus den drei Goldkisten des Berliner Museums für Vor- und Frühgeschichte über Jahrzehnte in einem Geheimdepot des Moskauer Staatlichen Puschkin-Museums versteckt. Obwohl die Einbehaltung von Beutekunst einen eindeutigen Verstoß gegen das Völkerrecht darstellt, verabschiedete die russische Duma im Jahr 1998 ein Gesetz, in dem die so genannte „Trophäenkunst“ als Eigentum des russischen Staates erklärt wurde. Bereits ein gutes Jahr zuvor hatte das Puschkin-Museum eine Ausstellung eröffnet, in der die trojanischen Schatzfunde der Öffentlichkeit präsentiert wurden, ohne dass freilich auf die Geschichte ihrer Beschlagnahmung in Berlin hingewiesen wurde.

Die Rückgabe der russischen Kriegsbeute an den rechtmäßigen Eigentümer, das Museum für Vor- und Frühgeschichte in Berlin, ist, gerade vor dem Hintergrund der aktuellen Debatte um die Restitution von Kulturgut, eine unverzichtbare Forderung. Eine gemeinsame wissenschaftliche Auswertung der in Russland lagernden Bestände durch deutsche und russische Fachleute soll aber bereits vor einer nur politisch möglichen Lösung dieser Frage der Wissenschaft weitere Perspektiven bieten.

Neue Forschungen zur Schliemann-Sammlung

Auch wenn Teile der Schliemann-Sammlung immer noch in Russland zurückgehalten werden oder zu den Kriegsverlusten gehören, so umfasst die Berliner Sammlung heute schon wieder etwa 8000 Inventare der einst über 17.000 Positionen umfassenden Schenkung Schliemanns. Eine „Position“ kann dabei, denkt man etwa an die Kettenglieder des Priamos-Schmuckes, über Tausend Einzelstücke enthalten. In den letzten Jah ren wurden die in Berlin befindlichen Bestände von verschiedenen Fachleuten einer erneuten Analyse auf der Basis des heutigen Forschungsstandes unterzogen, die zu bemerkenswerten Ergebnissen führte und zum Teil schon veröffentlicht worden ist.

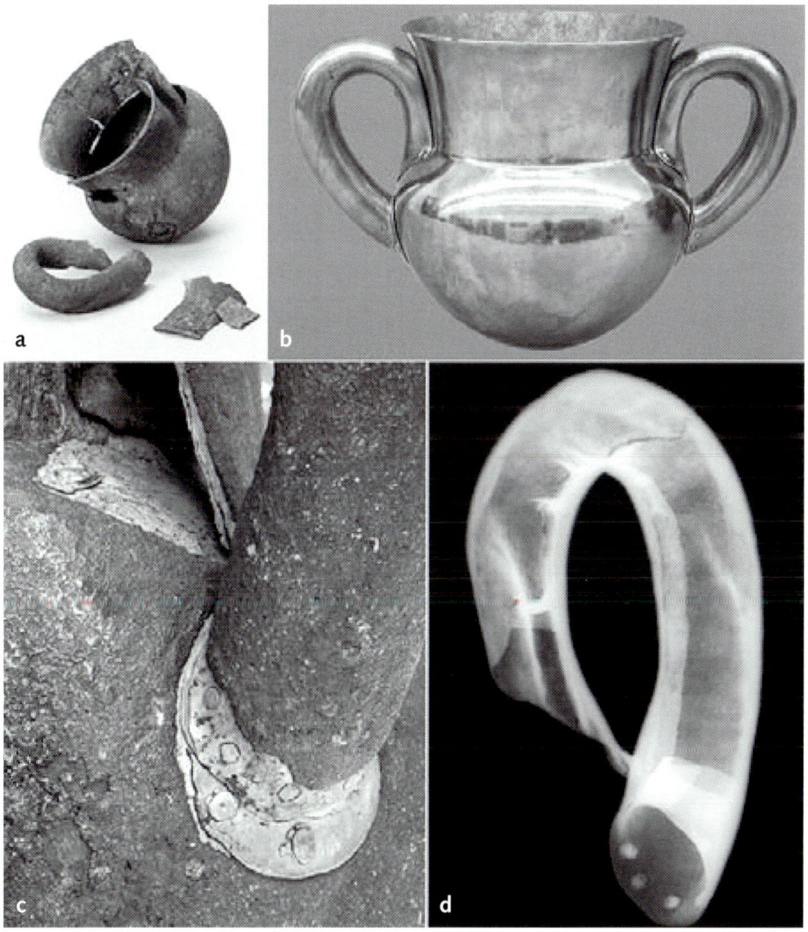

Abb. 47: Das Gefäß, in dem der Goldschmuck lag: a) Erhaltene Teile, b) Rekonstruktion, c) Detail des Henkels mit der durch Mikro-Feinstrahlen freigelegten Silberoberfläche, d) Röntgenbild des aus gerolltem und gebogenem Silberblech gearbeiteten Henkels mit Nietstiften einer späteren Reparatur.

Die Untersuchung der in Berlin vorhandenen winzigen Goldknöpfe und der Silbergefäße haben bereits eine Vielzahl außergewöhnlicher Ergebnisse bezüglich der Herkunft des Metalls, seiner Verarbeitung und der Anwendung von Herstellungstechniken in der 2. Hälfte des 3. Jahrtausends geliefert. Es werden sowohl eigenständige, lokale Entwicklungen in den Palastwerkstätten von Troja, aber auch ein innovativer Technologietransfer, vermutlich aus Mesopotamien, erkennbar. Goldgranulation, also das Befestigen winziger Kügelchen auf dem Blech, Hartlöt- und Gießtechniken, wie auch das Schmieden dickwandiger Silbergefäße konnten schon im 3. vorchristlichen Jahrtausend perfekt ausgeführt werden. Mikroskopische Untersuchungen haben zudem ergeben, dass in einigen Silbergefäßen noch Spuren von Textilien erhalten sind. Bei dem ursprünglich doppelhenkligen Silbergefäß, in dem der Schmuck des Priamos-Schatzes in ein Gewebe gewickelt lag, konnten bemerkenswerte Ergebnisse zu Treibtechniken und antiken Reparaturen erzielt werden. Es ist das älteste und bislang schwerste Silbergefäß dieser Art aus Anatolien (Abb. 47).

Mit dem Umzug des Berliner Museums für Vor- und Frühgeschichte in das Neue Museum auf der Museumsinsel sind nun große Teile der Troja-Sammlung Heinrich Schliemanns in neuem Gewand wieder der Öffentlichkeit zugänglich. Neben einer zeitgemäßen Präsentation der bedeutendsten Bestände im so genannten „Flachkuppelsaal“ sind in einer historischen Vitrine, die schon Schliemann zur Aufstellung seiner Sammlung verwendete, im „Roten Saal“ weitere Trojabestände zu sehen – dort bewusst eng gereiht im Ausstellungsstil des 19. Jahrhunderts, wie er auch Schliemanns Vorstellungen entsprach. Nach der erhofften Rückgabe der noch in Russland zurückgehaltenen Bestände soll die Präsentation neu überarbeitet werden, sodass, den testamentarischen Wünschen des Ausgräbers entsprechend, die Sammlung wieder ungeteilt in der deutschen Hauptstadt besichtigt werden kann.

Katalog

Aus der fast 10.000 Inventarnummern umfassenden „Sammlung Trojanischer Alterthümer“ Heinrich Schliemanns wird hier eine Auswahl von charakteristischen Fundstücken präsentiert, die sich noch heute im Museum für Vor- und Frühgeschichte befinden.

1. Silbergefäße aus dem Schatz des Priamos

Schicht II, Mitte 3. Jahrtausend v. Chr.
Inv. Nr. Sch 5868, 5871, 5872, 5873

Geschirre aus Edelmetall stellten besondere Kostbarkeiten dar. Den guten Erhaltungszustand der getriebenen Silbergefäße zeigt ein Schälchen, das rezent gereinigt wurde, während bei den übrigen die dicken antiken Korrosionsschichten belassen worden sind. In dem Henkelgefäß befand sich der in ein Tuch eingewickelte Goldschmuck.

2. Trinkgefäße vom Typ „Depas Amphikypellon“, Keramik

Schichten II–IV, 2. Hälfte 3. Jahrtausend v. Chr.
Inv. Nr. Sch 1455, 2023, 2025, 2195

Die rundbodigen doppelhenkligen Gefäße waren für Schliemann ein Indiz dafür, dass er tatsächlich die Stadt des Priamos gefunden hatte, da in der Ilias solche Gefäße beschrieben werden. Sie dienten als Trinkgeschirre und wurden in fast allen Gebäuden in hoher Zahl gefunden.

3. Schnurösengefäße

Schichten II–IV, 2. Hälfte 3. Jahrtausend v. Chr.
Inv. Nr. Sch 579, 1726, 2230, 2312

Wegen ihres engen Halses gehören diese kleinen, reich verzierten Gefäße weder zu den Koch- noch zu den Trinkgeschirren. Vermutlich waren es kleine Vorratsbehälter, die sowohl stehend, als auch an den Ösen hängend aufbewahrt werden konnten.

4. Anthropomorphe Gefäße und Deckel

Schichten II–V, 2. Hälfte 3. und 1. Viertel 2. Jahrtausend v. Chr.
Inv. Nr. Sch 1043, 1070, 1080, 1083, 1846, 1853

Menschliche Züge kennzeichnet eine Gruppe von Gefäßen. Gesichter sind auf einem Stülpdeckel oder auf dem Gefäßhals selbst modelliert, Handhaben stellen die Arme dar. Die oft verwendete Bezeichnung Gesichtsurnen trifft auf die trojanischen Gefäße nicht zu, denn die Gefäße dienten nicht zur Aufnahme von Leichenbrand, sondern offenbar zu kultischen Zwecken.

5. Stülpdeckel

Schichten II–V, 2. Hälfte 3. und 1. Viertel 2. Jahrtausend v. Chr.
Inv. Nr. Sch 319, 320, 322, 460, 483

Hohe Deckel mit menschlichen Gesichtszügen und mit Griffzapfen versehenem „Hut“ sowie Stülpdeckel mit einfachen oder kreuzförmigen Bügeln wurden im frühbronzezeitlichen Troja in zahlreichen Gebäuden gefunden.

6. Zoomorphe Gefäße

Schichten II–VI, 2. Hälfte 3. und 1. Hälfte
2. Jahrtausend v. Chr.
Inv. Nr. Sch 608, 1759, 2432, 2433, 2440, 2854

Behälter für Flüssigkeiten in Form von Tieren – Widder, Schwein, Igel, Maulwurf – waren in der Ägäis während der Frühbronzezeit sehr beliebt. Sie könnten ebenso wie ein Vogelgefäß, dessen Flügel Öffnungen für Räucherstäbchen oder Lampendochte besitzen, bei kultischen Handlungen Verwendung gefunden haben.

7. Ringvasen und Mehrfachgefäße

Schichten II–VI, 2. Hälfte 3. und 1. Hälfte 2. Jahrtausend v. Chr.
Inv. Nr. Sch 610, 823, 1927, 3246, 3247

Ringgefäße wurden in Troja bis in die späte Bronzezeit benutzt. Sie weisen bis zu drei Öffnungen auf. Vermutlich haben sie sakrale Bedeutung, denn eine praktische Nutzung ist kaum vorstellbar. Flüssigkeiten, die in die einzelnen Öffnungen geschüttet wurden, konnten sich im Körper der Behälter vermischen.

8. Miniaturgefäße

Schichten I–V, 3. und 1. Viertel
2. Jahrtausend v. Chr.
Inv. Nr. Sch 2265, 2888, 2916, 2918, 2966, 2967, XIb 1309

In Südosteuropa und Westanatolien wurden bei Ausgrabungen in frühbronzezeitlichen Häusern häufig „Herrgottswinkel“ mit Kultfiguren und winzigen Gefäßen gefunden. Diese waren offenbar kein Spielzeug, sondern dienten zur Aufnahme von Speise- und Trankopfern.

9. Krüge

Schichten I–IX, 3. Jahrtausend v. Chr.
bis 1. Jahrtausend n. Chr.
Inv. Nr. Sch 1867, 2289, 3007, 3012, 3039, 3963

In allen Schichten von Troja wurden Krüge gefunden, die zu den wichtigsten Gefäßen in einem Haushalt gehörten. Sie sind zumeist sehr elegant geformt und gut verarbeitet, dürften also nicht einfache Wasserbehälter, sondern Teil des Speisegeschirrs gewesen sein.

10. Küchengeschirr

Schichten I–V, 3. und 1. Viertel
2. Jahrtausend v. Chr.
Inv. Nr. Sch 946, 890, 1388, 2037, 2731, 2809, 2812, 2867

Teller, Tassen, Töpfe und Siebgefäße unterscheiden sich durch den gröberen Ton von dem feinen Tafelgeschirr. In der Frühbronzezeit waren die Kochtöpfe oft dreifüßig und konnten in die Glut gestellt werden.

11. Pithoi

Schichten II–V, 2. Hälfte 3. und 1. Viertel
2. Jahrtausend v. Chr.
Inv. Nr. Sch 2527, 2531, 2532

Bis zu zwei Meter Höhe konnten die dickwandigen Vorratsgefäße aus gebranntem Ton hoch sein, deren spitze Unterteile in die Hausböden eingelassen wurden. Sie dienten zur Aufbewahrung von Getreide und Feldfrüchten, die kleineren wohl auch als Öl-, Wein- und Wasserbehälter.

12. Anatolische Grauware

Schicht VI, Mitte 2. Jahrtausend v. Chr.
Inv. Nr. Sch 3068, 3070, 3071, 3087, 3102, 3230

Eine auf der Drehscheibe geformte und aus sehr hartem, teils metallisch glänzendem Ton bestehende Keramik wurde von Schliemann bereits bei seinen Grabungen in Orchomenos und später auch in Troja gefunden. Er nannte sie nach dem sagenhaften König Minyas minysche Keramik.

13. Tierhenkel

Schicht VI, Mitte 2. Jahrtausend v. Chr.
Inv. Nr. Sch 3251, 3265, 3269, 3272

Charakteristisch für die Mittel- und Spätbronzezeit sind bei keramischen Gefäßen Handhaben in Form von Widder-, Stier- oder Pferdeköpfen. Manche Henkel erinnern auch an Fabeltiere.

3265

14. Mykenische Keramik

Schicht VI–VII, 2. Hälfte 2. Jahrtausend v. Chr.
Inv. Nr. Sch 3386, 3394, 3400, 3405, 3435, 3436, 3469, 3506

Die dünnwandige fein bemalte mykenische Keramik wurde vom griechischen Festland in die ganze östliche Mediterraneis verhandelt. Die in Troja gefundenen Gefäße sind aber nicht griechische Importe, sondern wurden auch in der Troas selbst hergestellt, vielleicht von mykenischen Töpfern, die sich dort ansiedelten.

15. Die Gefäße der „Barbaren“

Schicht VIIb, 12.–11. Jahrhundert v. Chr.
Inv. Nr. Sch 3566, 3570, 3584, 3588, 3611

Invasoren aus dem Balkan- und Schwarzmeerraum bedrängten gegen Ende der Bronzezeit die blühenden Zivilisationen im östlichen Mittelmeer. In Troja lassen sich diese Zuwanderer anhand ihrer groben, mit Buckeln und Riefen verzierten Gefäße fassen.

16. Frühe griechische Keramik

Schicht VIII, 1. Hälfte 1. Jahrtausend v. Chr.
Inv. Nr. Sch 3201, 3649, 3355, 3794, 3651, 3762, 3784, 3786, 3921, 3937

Der Einfluss vom griechischen Festland setzte sich auch in der Eisenzeit fort. Aus der protogeometrischen Zeit sind nur wenige Scherben erhalten. Mit der Einwanderung äolischer Griechen ab dem 9. Jahrhundert nimmt der Anteil von Gefäßen des griechischen Festlandes, der ionischen Inseln und auch aus Zypern ständig zu.

17. Griechische und römische Keramik

Schicht IX, 3. Jahrhundert v. Chr.
bis 4. Jahrhundert n. Chr.
Inv. Nr. Sch 3820, 3823, 3829, 3847, 3975, 3977, 3996

Ilion profitierte in hellenistischer Zeit und als Teil des römischen Weltreichs von seiner Rolle als Ort der homerischen Epen. Tempelbezirk und Unterstadt wurden erneuert oder weiter ausgebaut.

18. Byzantinische Keramik

Schicht IX, 5.–13. Jahrhundert n. Chr.
Inv. Nr. Sch 4099, 4101, Tr 90, aNr. 10259

Obwohl Ilion in byzantinischer Zeit seine zentrale Rolle längst eingebüßt hatte, zeigen Scherben glasierter byzantinischer Gefäße, dass der Ort noch bis ins 13. Jahrhundert besiedelt war.

19. Öllämpchen

Schicht IX, 3. Jahrhundert v. Chr.
bis 4. Jahrhundert n. Chr.
Inv. Nr. Sch 4034, 4037, 4073, 4089

Öllampen gehörten zu jedem Haushalt und wurden oft in größeren Manufakturen hergestellt. Aber auch diese Massenware war schön verziert und gefällig geformt.

20. Geräte aus Felsgestein

Schichten I und II, 3. Jahrtausend v. Chr.
Inv. Nr. Sch 6930, 7148, XIb 1053, 1190

Beile aus Felsgestein wurden teilweise bereits im 3. Jahrtausend durch Kupferbeile ersetzt. Als Treibhämmer und für verschiedene weitere Arbeiten nutzte man jedoch bis weit in die Bronzezeit weiterhin Steingeräte.

21. Geräte aus Feuerstein und Obsidian

Schichten I–V, 3. und 1. Viertel
2. Jahrtausend v. Chr.
Inv. Nr. XIb 1053, 1522, 1525, Tr 1708, 1749

Schneidegeräte aus Silex und dem vulkanischen Obsidian waren vielseitig einsetzbar und durch ihre Härte den frühen Metalllegierungen überlegen. Durch gezielte Abschläge konnten Klingen auch zu gezackten Sägen ausgearbeitet werden.

22. Zeugen des Metallhandwerks

Schichten II–VII, 2. Hälfte 3. und
2. Jahrtausend v. Chr.
Inv. Nr. Sch 5832, 5837, 6725, 6766, 6783,
6823, 6824, XIb 1508, 6787

Zahlreiche Funde von Gussformen, Gussschalen und Düsen einstiger Blasebälge zeigen, dass Metallverarbeitung in Troja eine große Rolle spielte. Neben einfachen Gebrauchsgeräten wurden auch Feinschmiedearbeiten in Edelmetallen hergestellt.

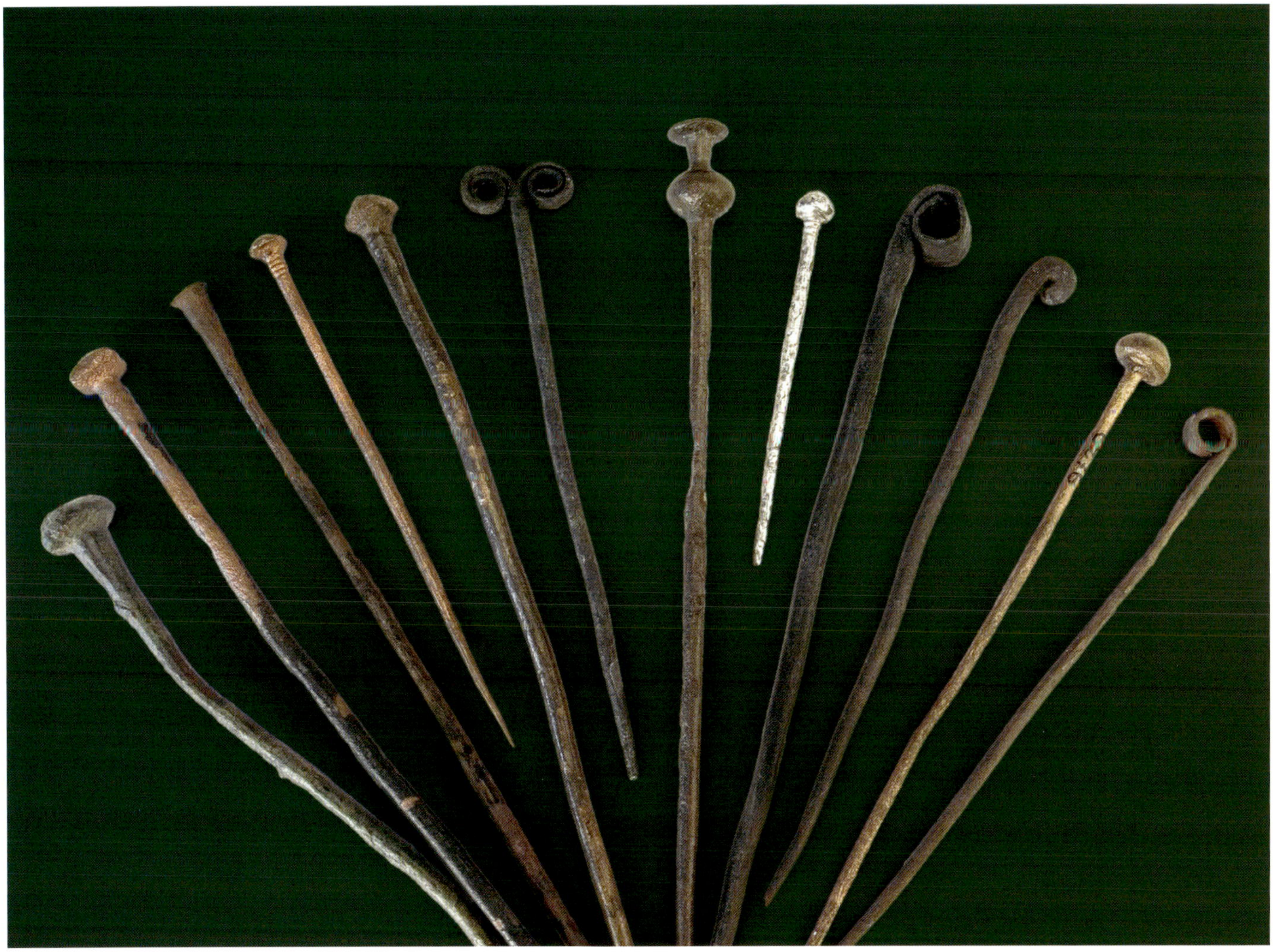

23. Nadeln, Bronze und Silber

Schichten I–VI, 3. und 2. Jahrtausend v. Chr.
Inv. Nr. Sch 6376, 6155, 6293, 6299, 6343, 6345, 6348, 6393, 6401, 6404, 6405, 6488, XIb 1727

Zu den frühesten Gegenständen aus Metall zählten Schmuckstücke, vor allem Ziernadeln, mit denen Frisuren und Kopfbedeckungen fixiert oder Gewänder zusammengehalten werden konnten.

24. Beile und Meißel, Kupfer und Bronze

Schichten II–V, 2. Hälfte 3. und 1. Viertel
2. Jahrtausend v. Chr.
Inv. Nr. Sch 5831, 5838, 6220, 6214, 6231, 6240

Die ersten Metallgeräte bestanden aus Kupfer. Erst allmählich setzten sich die härteren Bronzelegierungen aus Kupfer und Zinn durch. Während Kupferlagerstätten vielerorts vorhanden waren, musste Zinn über weite Entfernungen beschafft werden.

25. Dolche, Messer, Speer- und Pfeilspitzen, Bronze

Schichten II–VII, 2. Hälfte 3. und 2. Jahrtausend v. Chr.
Inv. Nr. Sch 6150, 6155, 6189, 6447, 6448, 6449, 6455, 6535

Das Verhältnis von Bronze- zu Keramikfunden in Troja entspricht nicht den ursprünglichen Gegebenheiten. Die Erhaltungsbedingungen für Metall sind viel schlechter, außerdem konnte unbrauchbares Gerät wieder eingeschmolzen und umgearbeitet werden.

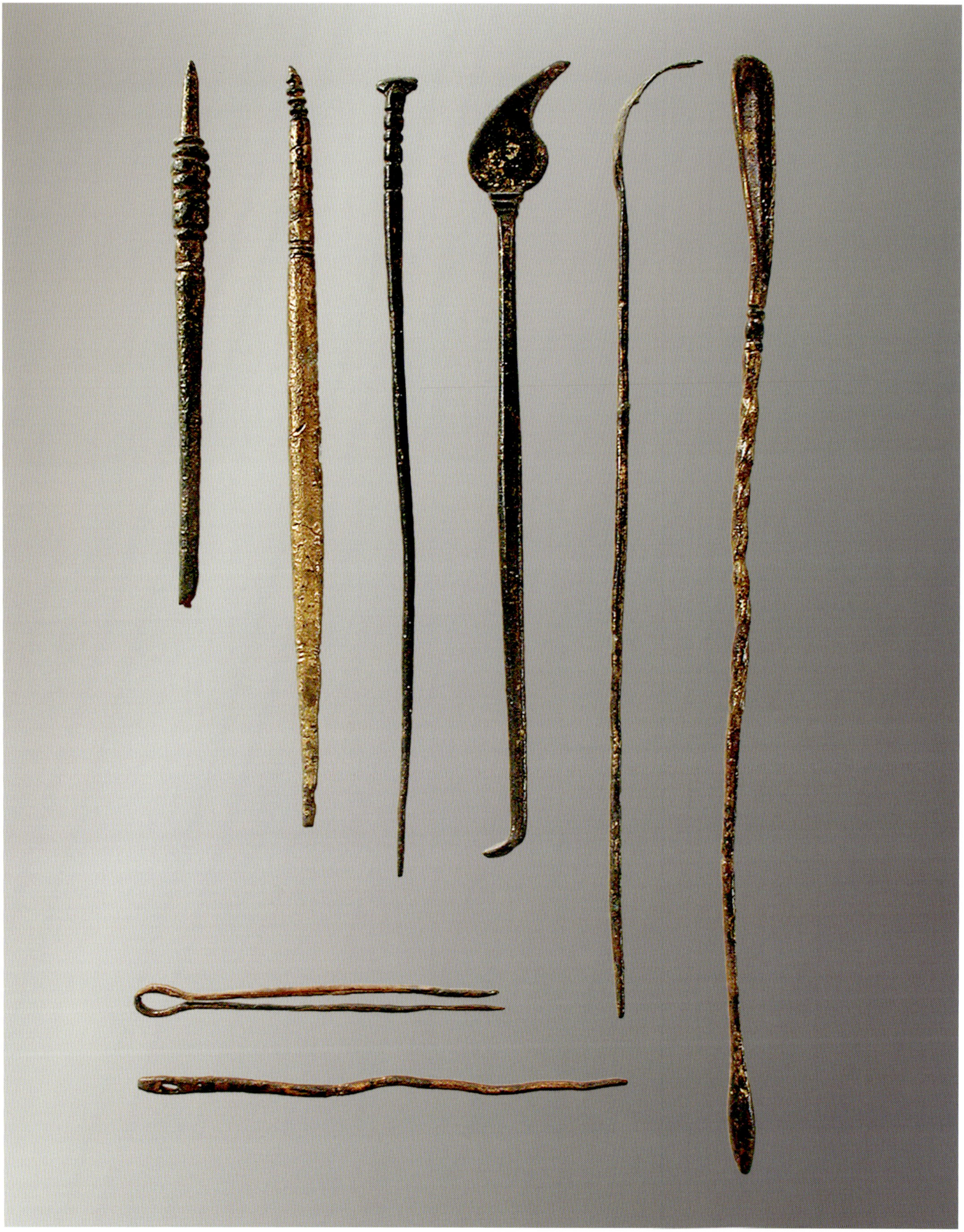

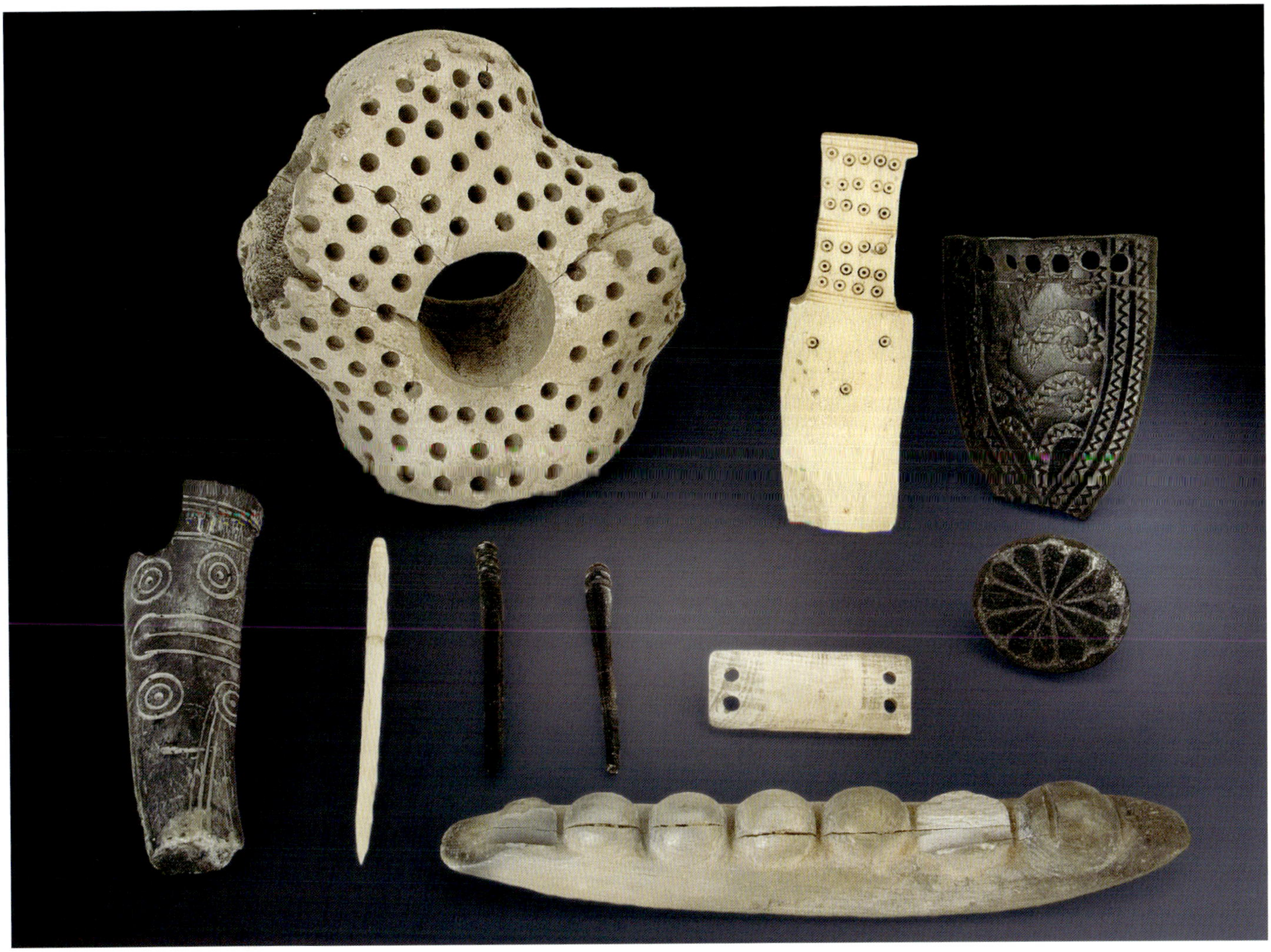

26. Chirurgisches Besteck und Schreibgriffel, Bronze

Schicht IX, 3. Jahrhundert v. Chr.
bis 4. Jahrhundert n. Chr.
Inv. Nr. Sch 6513-6518, 6547, 6548

Als ein Zentrum medizinischer Kunst galt in der Antike das 100 km südlich von Ilion gelegene Pergamon. Dass sich auch in Troja Ärzte niedergelassen haben, zeigen medizinische Geräte, die bei kleineren Operationen Verwendung fanden.

27. Knochen-, Geweih- und Elfenbeingeräte

Schichten I–IX, 3. Jahrtausend v. Chr. bis
1. Jahrtausend n. Chr.
Inv. Nr. Sch 6903, 7623, 7845, 7846, 7853, 7953, 7962, 7963, 9028

Aus Tierknochen und -zähnen sowie Geweih wurden zahlreiche Gegenstände geschnitzt: Ziernadeln, Kämme, Trensenknebel, Knöpfe, Saitenhalter und Kästchenbeschläge. Durch die Brandzerstörung des Museums im 2. Weltkrieg sind heute viele Stücke schwarz verfärbt.

28. Textilhandwerk

Schichten I–IX, 3. Jahrtausend v. Chr.
bis 1. Jahrtausend n. Chr.
Inv. Nr. Sch 4657, 5241, 5055, 7989, 8022, 8262, 8321, Tr 5, 45, XIb 1052, 2175

Webstuhlgewichte, Tonspulen und Wirtel von Spinnstäben wurden in allen Schichten gefunden. Die Zahl von reich mit Symbolen verzierten Wirteln ist so groß, dass diesen wohl noch eine andere Funktion zukam. Denkbar wäre z.B. eine Anbringung der gelochten Wirtel an Warensendungen als Besitzerkennzeichnung.

29. Tonkugeln und Steinscheiben

Schichten II–V, 2. Hälfte 3. und 1. Viertel 2. Jahrtausend v. Chr.
Inv. Nr. Sch 5765, 5673, 5684, 5685, 5686, 5698, 5699, 8875, 8879, 8880, 8903, 8904

Die Bedeutung einiger Artefaktgruppen aus Troja ist rätselhaft. Dazu gehören fein polierte gelochte Steinscheiben und mit verschiedenen Mustern verzierte Tonkugeln.

30. Gewichte

Schichten II–V, 2. Hälfte 3. und 1. Viertel
2. Jahrtausend v. Chr.
Inv. Nr. Sch 6569, 6573, 6575, 8709, 8718, 8773, XIb 1014, 1019, 1272

Bereits während der Bronzezeit gab es im ostmediterranen Handel genormte Gewichtseinheiten. Auch in Troja wurden Steingewichte unterschiedlicher Form und unterschiedlichen Gewichts benutzt, von denen manche im Palastbereich und sogar in Schatzdepots gefunden wurden.

31. Phallosidole

Schichten I–V, 3. Jahrtausend und 1. Viertel
2. Jahrtausend v. Chr.
Inv. Nr. Sch 7654-7656, 7658, 7666

Die vielen steinernen Phalloi mögen als Symbole für männliche Kraft und Dominanz verehrt worden sein. Außergewöhnlich ist ein Omphalos, der offenbar aus dem Relikt einer Vulkaneruption geformt worden ist.

32. Anthropomorphe Idole

Schichten I–V, 3. Jahrtausend und 1. Viertel
2. Jahrtausend v. Chr.
Inv. Nr. Sch 7408, 7436, 7438,1.4.22, 7518,
7547, 7569

Idolfiguren, die mit kultischen Praktiken in Verbindungen standen, wurden in vielen trojanischen Häusern gefunden. Die stark stilisierten geschliffenen Marmoridole der Frühbronzezeit ähneln zeitgleichen Idolen der Kykladeninseln und zeigen die enge geistige Verbindung Trojas mit Griechenland.

33. Terracotten

Schicht IX, 3. Jahrhundert v. Chr. bis
4. Jahrhundert n. Chr.
Inv. Nr. Sch 9532, 9537, 1497, 2872, 2873

Götterfiguren aus Ton fanden sich zumeist im Bereich von Heiligtümern, aber auch in Privathäusern. Diese Devotionalien wurden massenweise hergestellt. Besonders häufig sind weibliche Darstellungen, die mit dem trojanischen Athena-Kult in Verbindung stehen dürften.

34. Portraitbüsten

Schicht IX, letztes Viertel 1. Jahrhundert v. Chr. bis 1. Viertel 1. Jahrhundert n. Chr.
Inv. Nr. Sch 9587, 9588, 9589

Büsten einer Dame des julisch-claudischen Kaiserhauses, des Lucius Caesar (?) oder des Agrippa Postumus (?) und des jugendlichen Tiberius.

Wie in römischen Städten üblich, waren auch in Ilion an öffentlichen Plätzen Statuen bedeutender Persönlichkeiten aufgestellt, vor allem von Mitgliedern der Kaiserfamilien.

Weiterführende Literatur

Bertram, M. / Zengel, E.
Troja, Mykene, Tiryns. Heinrich Schliemann zum 100. Todestag. Gemeinschaftsausstellung des Archäologischen Nationalmuseums Athen und des Museums für Ur-und Frühgeschichte zu Berlin (Putbus 1990)

Blegen, C.W.
Troy and the Troyans (New York 1963)

Codino, F.
Einführung in Homer (Berlin 1970)

Dörpfeld, W.
Bericht über die im Jahre 1893 in Troja veranstalteten Ausgrabungen (Leipzig 1894)

Dörpfeld, W.
Troja und Ilion. Ergebnisse der Ausgrabungen in den vorhistorischen und historischen Schichten von Ilion 1870–1894, 2 Bände (Athen 1902)

Easton, D. F.
Schliemann's Excavations at Troia 1870–1873 (Mainz 2002)

Hertel, D.
Troja. Archäologie, Geschichte, Mythos (München 2008[3])

Heuck Allen, S.
Finding the Walls of Troy. Frank Calvert and Heinrich Schliemann at Hısarlik (Berkeley, Los Angeles, London 1999)

Jähne, A.
Geheimsache Troja (Leipzig 1998)

Korfmann, M. / Mannsperger, D.
Troia. Ein historischer Überblick und Rundgang (Stuttgart 1998)

Korfmann, M. (Hrsg.)
Troia. Archäologie eines Siedlungshügels und seiner Landschaft (Mainz 2005)

Kriesch, E.
Der Schatz von Troja und seine Geschichte (Hamburg 1994)

Latacz, J. / Greub, Th. / Blome, P. / Wieczorek, A.
Homer. Der Mythos von Troia in Dichtung und Kunst (München 2008)

Podzuweit, Chr.
Trojanische Gefäßformen der Frühbronzezeit in Anatolien, der Ägäis und angrenzenden Gebieten (Mainz 1979)

Saherwala, G. / Goldmann, K. / Mahr, G.
Heinrich Schliemanns „Sammlung trojanischer Altertümer" (Berlin 1993)

Schliemann, H.
Bericht über die Ausgrabungen in Troja in den Jahren 1871 bis 1873 (Leipzig 1874)

Schliemann, H.
Atlas Trojanischer Alterthümer, 2 Bände (Leipzig 1874)

Schliemann, H.
Ilios. Stadt und Land der Trojaner. Forschungen und Entdeckungen in der Troas und auf der Baustelle von Troja (Leipzig 1881)

Schliemann, H.
Troja. Ergebnisse meiner neuesten Ausgrabungen auf der Baustelle von Troja, in den Heldengräbern, Bunarbaschi und anderen Orten der Troas im Jahre 1882 (Leipzig 1884)

Schliemann, H.
Bericht über die Ausgrabungen in Troja im Jahre 1890 (Leipzig 1891)

Schliemann – Petersburg – Troja. Katalog zur Ausstellung St. Petersburg (St. Petersburg 1998)

Schliemann und Troia
Begleitband zur Ausstellung in München (München 1992)

Schliemanns Gold und die Schätze Alteuropas. Eine Dokumentation (Mainz 1993)

Schliemanns Troia
Begleitband zur Ausstellung in Essen und Krefeld (Essen 1991)

Schmidt, H.
Heinrich Schliemann's Sammlung trojanischer Altertümer (Berlin 1902).

Tolstikow, W. P. / Trejster, M. J.
Der Schatz aus Troja. Schliemann und der Mythos des Priamos-Goldes
Begleitband zur Ausstellung in Moskau (Stuttgart/Zürich 1996)

Troia – Traum und Wirklichkeit
Begleitband zur Ausstellung in Stuttgart (Stuttgart 2001)

Troja. Heinrich Schliemanns Ausgrabungen und Funde. Begleitband zur Ausstellung in Berlin (Berlin 1982)

Troja und Thrakien. Begleitband zur Ausstellung in Berlin (Rostock 1982)

Troja, Mykene, Tiryns, Orchomenos. Heinrich Schliemann zum 100. Todestag.
Begleitband zur Ausstellung in Athen und Berlin (Athen 1990)

Ulf, Chr. (Hrsg.)
Der neue Streit um Troia. Eine Bilanz (München 2003)

Vandenberg, Ph.
Der Schatz des Priamos. Wie Heinrich Schliemann sein Troja fand (Bergisch Gladbach 1995)

Bildnachweis

Museum für Vor- und Frühgeschichte, SMB-PK, Foto Claudia Plamp: Abb. 1

Antikensammlung, SMB-PK, Foto Johannes Laurentius: Abb. 3

Österreichische Nationalbibliothek Wien: Abb. 4

Archiv Museums für Vor- und Frühgeschichte: Abb. 2, 5, 6, 8, 9, 10, 11, 12, 13, 14, 15, 16, 17, 18, 19, 20, 21, 22, 23, 24, 25, 26, 27, 28, 29, 30, 31, 32, 33, 34, 35, 36, 37, 38, 40, 41, 42, 43, 44, 45, 46, 47

Heinrich-Schliemann-Museum Ankerhagen: Abb. 7

Archäologisches Museum Lamia, Griechenland: Abb. 39

Katalogfotos: Claudia Plamp